はじめての統計学

鳥居泰彦

日本経済新聞社

は　じ　め　に

　私は統計学の専門家ではないが，必要にせまられて統計学のクラスも担当するようになってから既に30年に近い歳月が過ぎた。

　その経験からすると，「実際に平均や標準偏差や相関係数や回帰係数がらくらくと計算できるようになってはじめて，統計学の理論もわかってくる」ものである。この計算能力とそれを現実問題に応用する能力を「腕力」と呼ぶことにして，「統計学は腕力が大切だ」と叫び続け，教室の中を走り回って，一人一人の学生の手を叩くようにして「腕力」をつけさせてきた。

　「頭だけで統計理論を暗記しても，何もわからない。現実の問題に応用したら急に理論がわかってきた」と悟ってくれた時の，学生たちの生き生きとした明るい顔が，私の30年余の教室経験の財産である。

　最近，受験戦争の効率をあげるために高校での数学教育がレベルダウンしている。一方，大学教育や実社会の実務が要求する数理的手段はますます高度化している。こうした時代が生む異常事態を理解できない大学側は，「こんなこともわからないのか」と，学生に失望し，むなしい想いと焦燥にかられる。学生達は，卒業単位を取得するために，判っても判らなくても丸暗記で試験を切り抜けるだけで，あとには何ものこらない。

　こうした事態から抜け出さなければ日本の将来は暗い。大学卒とは名ばかりで，楽な科目を渡り歩き，覚えもしなければ理解もしていないのに，進級点を獲るテクニックだけを身につけた「要領人間」，「内容のない人間」が大量発生すれば，最後には日本は亡びる。

　日本の教育のこの異常事態を正常に戻すには，少なくとも次のことを，社会全体が総力をあげて実行する必要がある。

(1)　小・中・高の学校教育では，世界に通用する基礎知識と創造的思考能力や創作能力を身につけることを第一目標に，教え方改革を実行すべきである。

(2) 大学受験の目標が，ブランド校を選ぶのでなく，自分の生涯の仕事にふさわしいコース，学科，学部を選ぶようになる，そういう社会を作らなければならない。

(3) 大学はもっと「わかる授業」，「考える能力を身につける授業」，「人間社会の問題を解決すること」を重視し，問題発見・問題解決能力を重視すべきである。

私は1年前に慶應義塾塾長に就任して，今年から教育の現場を離れることになった。私の一番の心残りは，学生達に「理解できる授業」，「基本的知識をくりかえし教える授業」，「実戦的問題解決の中で次第に高度な知識を身につける授業」，「教師のひとりよがりにならない授業」という使命感を，一人の現場の教員として実行することができなくなったことである

私が「誰でもわかる統計学」をめざして，自分の授業のために用意していたレクチャーノートを，教育の現場を離れた今，あえて出版することにしたのは，以上のような問題意識が背景となっている。

それよりも何よりも，多くの大学教育や，もしかしたら大学院教育の現場においてさえも，統計学が必要なのに自分の数学的基礎知識とのギャップに悩んでいる学生を，一人でも救うことができたらという想いで，このテキストを刊行することにした。

もとより，統計学の専門家の方々からは，これほどレベルダウンしたテキストが必要なのかという御批判と御叱正があるであろう。私はあえて答えたい。教室の現場では，このレベルの教え方革命が，今一番必要なのである，と。

　1994年10月

鳥居　泰彦

目　　次

学習のためのこころがけ

　この本は統計学の入門のためのワークブックです。

　統計学は難解な分析方法論だと恐れている人が多いと思います。

　確かに統計学はなかなか難しい，奥の深い分析方法論です。しかし，どんなに難しい学問でも，わかりやすい入門から始めれば，恐れることはありません。

　これから経済学やその他の社会科学の分析方法として統計学を学ぶ諸君の入門書として，このワークブックが役立つことを願っています。

未知の分野に挑戦せよ

　新しい知識を身につけることは，楽しいことです。そう考えると新しい未知の分野に挑戦する希望とファイトが湧いてきます。

　学習の基本はテキストによる学習です。もちろん，講義や実習も重要ですが，何といっても基本はテキストによる学習です。

　テキストを頼りに学習するのは，孤独な仕事です。しかし，学問はすべて「自分が努力して覚える・理解する・考える」という仕事の積み重ねですから，誰でも孤独なのです。このテキストを書いている私も，実は，忘れてしまったことを調べ直したり，考えたり，孤独な仕事をしているのです。

　諸君も，学問の孤独に耐えて下さい。むしろ学問の孤独を楽しんで，この科目をマスターしてくれることを祈ります。

ブロック化した理解と構造的ノートのすすめ

　ところで，ここまで読んでみて，上の文章は何となく読みやすいと思いませんか。それは，要点ごとに書いてあったからです。

　長い文章を読むと，わからなくなったり，眠くなることがあります。そこで，文章をバラバラに区切って，要点ごとにブロックに分けてノートを作ると，急にわかってきます。講義や会話でも同じことです。メモを取りながら相手のいうことを要点ごとに区切っていくと，驚くほどよくわかります。

テキストの文章が「わかる」とか，相手の言っていることが「わかる」というのは，実は「相手の話の構造がわかる」ということなのです。

相手の話の構造をスケッチするつもりで，構造的ノートを作る習慣を身につけなさい。そうすると，いろいろな論文が，楽に読めるようになるでしょう。小説や物語も，構造的ノートをとりながら読むと，もっと深く味わえるでしょう。

構造的ノートの作り方

構造的ノートのとり方は難しいものではありません。次の四つのことを実行すればよいのです。

第一に，話の要点をブロックに分けて書き留めることです。重要なポイントにはアンダーラインを引いたり，枠で囲ったりして，一目でブロックがわかるようにするのです。

第二に，そのブロックの1つ1つがどのようなテーマに関するブロックであるかがよくわかるように，タイトル（題や小見出し）をつけることをすすめます。そうすると，諸君のノートは生きたノートになるはずです。

第三に，本論を理解するための予備知識や余談に相当する事柄は，「予備知識」あるいは「余談」というタイトルをつけて，別の個所にノートをとると，後で見てよくわかるはずです。

第四に，話の種類によって鉛筆やボールペンの色を上手に使い分けて，自分の頭が一番すっきりする構造的ノートを作って下さい。

入門とは「門」をくぐること

ここまで読んで「この話は統計学の本論とは関係ない。早く本論の話をしろ」という感想を持った人はいませんか。私の経験では，「入門のこころがけ」の話をすると，およそ70パーセントから80パーセントの学生がそのような反応を示します。

しかし，それは誤った考え方です。自動車の運転を習う時，基本をおろそかにすると，その先の上達はありません。ピアノや茶道も同じ，テニスも同じ，そして学問も同じです。

　学び方や考え方の基本を習う段階を「入門」と言います。つまり「その道の門をくぐる」ことです。門を入らないことには何も始まりません。

　このワークブックの門をくぐり抜けると，諸君には力と自信がつき，統計学という方法でいろいろな現象を分析したり，理解したりできるようになることでしょう。新しい知識が加わると，不思議なもので，いろいろなことが今までより広く，深く理解できるようになるのです。

演習の重要性

　統計学は，テキストを読むだけでは何も身につきません。演習が重要なのです。演習を繰り返さないと，新しい知識を本当にマスターすることはできません。

　演習とは，基礎知識を応用して問題発見・問題解決の能力をつけていくことです。演習は繰り返せば繰り返すほど，効果が上がります。

　よく，「自分は演習などしなくても読んだことや聞いたことが一発で頭に入る」という人がいますが，それは暗記力が優れているというだけのことで，自慢にはなりません。

　よく，「自分はいくら覚えようとしても覚えられない」と嘆く人がいますが，それは暗記することにこだわるからで，そんなことで失望したり不安になる必要はありません。

　現実のさまざまの問題を発見し解決する演習を繰り返せば，知識の断片の暗記などという小さなことは，どうでもよいことがわかるでしょう。

　「学習した基礎知識やテキストを丸暗記しておけば，テストで正解を書ける」と思い込んでいる人があまりに多いようです。諸君に要求されるのは応用能力です。演習は応用能力を開発するためのものです。

　このテキストの演習問題は，

　(1)　統計学の方法を身につけるためのわかりやすい例題

　(2)　経済現象や経済分析になれるための例題

を適当に混ぜてあります。

　経済のことを学ぶ人にもそうでない人にも，(1)だけではなく，(2)にも挑戦することをすすめます。

文献参照の重要性

　最後に，文献参照の重要性についてお話しします。大学レベルの学習や研究では，これは非常に重要なことなのですが，たった一冊のテキストや講義ノートを暗記するだけに終わっている習慣が蔓延しています。

　それでは，諸君の身についた力にはなりません。その程度のことをするために時間を費やすくらいなら，大学などやめて，もっと他の，世の中のためや自分のためになることをするべきです。

　学問上の知識には，どれ1つをとっても関連文献があります。辞書や辞典のように基本的な資料，同じことをより体系的に整理，説明している文献，学説史の上で先駆的な文献等々，それが関連文献です。

　欧米諸国では，子供の時から学校でも家庭でも，関連文献を探し出す楽しみと，巧みな探し出し方を教えられます。日本では，受験参考書以外は見たこともないという教育が蔓延してしまったために，日本の学生は関連文献を探すということができなくなってしまったのです。

　これは，毎日の生活の中で必要な関連文献を見て知識を増やすという心の豊かさを，日本人が忘れてしまっているということなのです。

　統計学入門の学習では，関連文献を見る必要性は比較的少ないのですが，興味と必要に応じて関連文献を巧みに探し，テキストや講義で学んだことに関連する知識を，諸君のノートに書き加えて下さい。そうすることによって，テキストや講義の何十倍もの知識の宝庫を作って下さい。

　私がおすすめする参照文献のリストを本書の巻末に示しておきます。

　以上の説明は，敬体文（です・ます調）で書きました。しかし，第1章以後は学術的な説明ですから，論説文（である調）に切り替えます。

第1章　統計学はどのような学問か

1.1　統計学とは何か

統計学は，科学的な分析方法の一つである

　自然科学，社会科学，人文科学等の研究をするためには，いろいろな科学的分析方法が用いられる。統計学は，それらの科学的分析方法の一つである。

　統計学は大量のデータの中に存在する法則性を扱う分析方法である。

　統計学の方法は，学問的な研究だけではなく，私たちにとって身近な家計の管理，企業経営，政府の行政等の実務にも大いに使われる。

統計学の学習の範囲

統計学の学習の範囲は，次の4分野に大別できる。

(1)　統計学史（history of statistics）

　　このテキストでは「統計学史」の講義は省略する。

(2)　記述統計学（descriptive statistics）

　　「標本論」（sample theory），「標本調査論」（sample survey），「統計処理」（data processing），「統計的記述」（statistical description）等の方法論のこと。

(3)　推測統計学（statistical inference）

　　縮めて「推計学」。「統計的方法」（statistical method）ともいう。

(4)　応用（application）

　　経済学への応用は，経済統計と計量経済学（econometrics）である。

　上の(1)〜(4)をひとまとめにして「統計学」（statistics）という。

　このテキストは，(2)と(3)の入門のためのワークブックである。

注意：sをつけない statistic は「統計量」（標本データから得られる情報）の意味になる。

1.2 統計学の考え方の基礎

専門用語と分析概念

学問はどの専門分野でも独特な考え方をするから，慣れない者にはわかりにくい。しかしその専門分野の独特の**専門用語**（technical term）や**分析概念**（分析に使う考え方）がわかってしまうと，あとは急にわかりやすくなる。

これから説明する統計学の考え方と基本的な専門用語を，理解し，覚えてしまえば，諸君は統計学の入り口の門を通過できる。

統計学と数学

現代の日本は，小・中・高校の数学教育で脱落者を作りすぎる。「統計学には数学が必要だから，数学が苦手の自分には学習が不可能だ」と思い込んでいる人もいるだろう。

心配は全くない。君が愚者なのではなく，君に対する数学教育が下手だったのだ！ このテキストでは，必要最小限の数学が習得できるように，補習のページを用意した。それを自習して先へ進めば，理解できるはずである。

統計学の独特の考え方

統計学の独特の考え方の中から，まず，次の2つの考え方を身につけよう。

---

(1) すべての統計的現象（統計学の分析対象となる現象）は，確率分布をする。

(2) すべての統計的現象は，母集団（その現象全体）を観察する代わりに標本（母集団の一部分）を観察して，それをもとに母集団の特性を推測して分析する。

これだけを読んでも，何のことだかわからないであろう。わからなくて当たり前。これから説明が始まる。

1.3　統計学の分析概念（その1）──確率と確率分布──

　前のページの統計学の独特の考え方(1)の「すべての統計的現象は，確率分布をする」という考え方を理解するための入門として，2つのキーワードを覚えなさい。

　覚えるべき2つのキーワードは，「**分布**」，「**確率**」である。

(1)　分布 (distribution)

　統計学では，ある現象が<u>大小さまざまの大きさで起こること</u>を，「**分布をする**」という。

〔例1〕例えば，身長150cmの人もいれば160cmの人もいる。つまりいろいろ
　　　　な身長の人がいることを統計学では「身長は**分布をする**」と表現する。
〔例2〕1カ月の所得（月間所得）は，18万円の人もいれば，30万円の人もい
　　　　るというように，さまざまである。これを統計学の言葉で表現すると，
　　　　「月間所得は**分布する**」ということになる。
（注）「分布<u>を</u>する」と「分布する」のどちらの表現でもよい。

確認のためのQ&A・1.1

（*Question*）
(1)　「人の体重は，大小さまざまである」ということを，統計学の用語
　　　で言えばどうなるか。表現してみなさい。
(2)　電池の寿命（電球が何時間もつか）は長短さまざまで，完全に一様
　　　ではない。このことを統計学の用語で言えばどうなるか。表現して
　　　みなさい。

（*Answer*）
(1)　人の体重は分布する。
(2)　電池の寿命は分布をする。

分布をグラフで表わす

ある現象が**分布をする**，ということは，グラフに図示してみるとよくわかる。分布のグラフを描いたり，読み取ったりすることに慣れると，統計学がわかるようになる。

次の右下のグラフは左下の表のデータをもとに作成したものである。左のデータは16歳から20歳の女性100人の身長が140cmから190cmにわたって分布していることを示している。

身 長(cm)	度 数
140 以上 150 未満	10
150　　　160	43
160　　　170	39
170　　　180	7
180　　　190	1

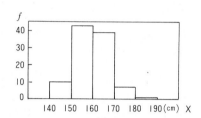

それぞれの観測値が何回観測されたかをカウントしたものを**度数**または**頻度**（**frequency**）と呼ぶ。

左上の表のようにまとめたものを**度数分布表**と呼ぶ。右上の図のように分布を柱の形で描いたグラフを**柱状分布**（**histogram**：**ヒストグラム**）と呼ぶ。

ヒストグラムの柱の頂点を結んだ右下の図のようなグラフを**度数分布図**，あるいは**確率分布図**と呼ぶ。

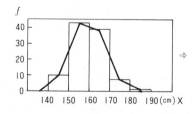 ⇒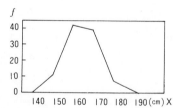

ヒストグラムや確率分布図の横軸は，分析の対象となる**変数**の観測値（observed value）を表わす。記号は X を使う。

縦軸はそれぞれの観測値が何回観測されたかを表わす。これを**度数**または**頻度**（**frequency**）と呼ぶ。記号は f を使う。

変数 X の度数ということを表わすために，$f(X)$ と書くこともある。

絶対度数と相対度数

度数には2種類の測り方がある。「**絶対度数**」と「**相対度数**」である。「絶対度数」（絶対頻度）は観測された度数そのものである。（前掲の16〜20歳の女性の身長の例であれば「人」（man）という単位である。）

「相対度数」（相対頻度）は，全体に対する割合（比）である。（100人中5人なら0.05，20人中2人なら0.1というように割合で表わす。）

確認のためのQ&A・1.2

（*Question*）　100人の月間所得の標本調査を行なった。結果は下の表のようになった。相対度数を記入し，ヒストグラムを作図しなさい。

月間所得 （万円／月）	絶対度数 （人数）	相対度数 （割合）
0〜10	5	0.05
10〜20	35	0.35
20〜30	25	0.25
30〜40	20	0.2
40〜50	10	0.1
50〜60	3	0.03
60〜	2	0.02

確認のためのQ&A・1.3

（*Question*）	（*Answer*）
(1)　上の表は何というか？	度数分布表
(2)　上で描いた図は何というか？	ヒストグラム
(3)　上で描いた図の横軸は何か？	月間所得
(4)　その単位は何か？	万円／月
(5)　横軸は統計学の用語では何か？	変数の観測値（または変数の値）
横軸の記号は何か？	X
(6)　縦軸は統計学の用語では何か？	相対度数（または相対頻度）
縦軸の記号は何か？	f

⑵ 確率（probability）

テレビの天気予報で「関東南部で雨が降る確率は90パーセント」などという表現を聞いたことがあると思う。

確率の「確」は**確からしさ**という意味である。また「率」は**割合**という意味である。両方をつないだ「確率」とは，「ある現象が起こる確かさの程度を割合で表わしたもの」という意味である。

「関東南部で雨が降る確率は90パーセント」というのは，雨が降る確かさの程度が90パーセントという意味である。

天気予報は一般の人にわかりやすいように確率をパーセントで表わすが，統計分析では，ほとんどの場合パーセントは使わず，割合（比）を使う。

数学の基礎　パーセントと比（割合）の関係は，100％は1，95％は0.95，10％は0.1となる。

比×100＝パーセント

パーセント÷100＝比

確率の記号

確率は英語では probability という。この頭文字の P を使って，統計学独特の次の記号が使われる。

　　　P（　　）＝0.□□□□（□には数字が入る）

これは「（　）の中に書いてあることが起こる確率が 0.□□□□である」という意味である。（　）の中には文章・文字・式・記号等を書くことができる。

このような覚え方のコツを自分流に開発すれば，式の意味や使い方を学ぶことは，苦痛ではなくなる。

式を見たとたんに，頭が重くなったり，ねむくなってしまうのは，具体的な使い方を身につければなおる。

では，実際にやってみよう。

P（　）＝0.□□□□の使い方

〔例3〕「Aさんの収入が100万円である確率は0.01である」ということを，いろいろな形で表現することができる。

- a. 文章で表現する　　　　P（Aさんの収入が100万円である）＝0.01
- b. 式で表現する　　　　　P（Aさんの収入＝100万円）＝0.01
- c. 記号と式で表現する　　P（$X=100$）＝0.01

　　　　　　　　　　　　ただし X＝Aさんの収入（万円）

〔例4〕「Aさんの収入が1000万円以上である確率は0.005である」を表現する。

- a. 文章で表現する　P（Aさんの収入が1000万円以上である）＝0.005
- b. 式で表現する　　　P（Aさんの収入≧1000万円）＝0.005
- c. 記号と式で表現する　　P（$X≧1000$）＝0.005

　　　　　　　　　　　　ただし X＝Aさんの収入（万円）

確認のためのQ&A・1.4

次の表現は何を意味しているか，文章で書いてみよう。

（*Question*）

(1)　P（$x=0$）＝0.05

(2)　P（$x+y=100$）＝0.012

(3)　P（20歳の人がこの1年間に死亡する）＝0.000005

(4)　P（父の所得＜母の所得）＝0.15

（*Answer*）

(1)の意味：「$x=0$ になる確率は0.05である」　または　「$x=0$ ということは0.05の確率で起こる」

(2)の意味：「x と y の和が100になる確率は0.012である」

(3)の意味：「20歳の人の死亡確率は0.000005である」

(4)の意味：「父の所得が母の所得より少ない確率は0.15である」

$f(150 \leq x \leq 160) = 0.43$

(3) 確率分布の考え方

以上で「分布」と「確率」という2つの用語について理解した。次に，この2つを繋いだ「確率分布」という概念を説明する。

さきほどの16歳〜20歳の女性の身長の相対度数分布の図を見てみよう。

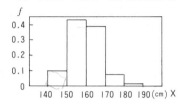

一番左の柱は「140cm 以上 150cm 未満の身長の相対頻度は 0.1 である」ということを示している。

このことを次のように記号で表わす。

$$f(140 \leq X < 150) = 0.10$$

これは「X が 140 以上 150 未満であるという現象の相対度数 f は 0.10 である」という意味を表わす記号である。

このことを確率の記号 P を使って次のように表わすこともできる。

$$P(140 \leq X < 150) = 0.10$$

これは「X（身長）が 140 以上, 150 未満である確率 P は 0.10 である」ということを表わしている。

確認のためのQ&A・1.5

（*Question*）　上の棒のグラフの，左から1番目〜5番目の柱は確率の記号で表わすとどうなるか？

（*Answer*）

1番目	P $(140 \leq X < 150)$	$= 0.10$
2番目	P $(150 \leq X < 160)$	$= 0.43$
3番目	P $(160 \leq X < 170)$	$= 0.39$
4番目	P $(170 \leq X < 180)$	$= 0.07$
5番目	P $(180 \leq X < 190)$	$= 0.01$

すべての統計的現象は確率分布をする

「すべての統計的現象は確率分布をする」というのが，統計学の考え方の特徴である。先ほどから事例としてあげている「16〜20歳の女性の身長」について，この意味を考えてみよう。

例えば，身長が140〜150cm という現象は，人種・遺伝・栄養摂取等々，さまざまな要因で起こるのであるが，統計学では「身長が140〜150cm である確率は0.10であることが，この現象固有の特性として決まっている」と考える。次の例を参照しなさい。

多くの自然現象は確率分布をする。
　　　（例）　人や生物の体重や身長は確率分布をする。
　　　　　　　晴天や雨天の時間は確率分布をする。
多くの社会現象は確率分布をする。
　　　（例）　特定のデザインの服に対する需要は確率分布をする。
　　　　　　　プロ野球の入場者の数は確率分布をする。
多くの経済現象は確率分布をする。
　　　（例）　個人の所得は確率分布をする。
　　　　　　　物価上昇による消費支出の減少額は確率分布をする。

ひと息いれて落ち着こう

上記の例をみながら，「おかしいな？」，「ほんとうかな？」と思った人もいるであろう。人の身長は，ほんとうは，親が背の高い人かどうかという遺伝的要因や，毎日の食事が栄養豊かであるかどうかという栄養要因によって背が高くもなり，低くもなるのではないか？　この疑問はもっともである。

「背が高いのはなぜか？」，「背が高くなったのはなぜか？」というような原因究明のための分析では，このようなアプローチは重要である。しかし，同じ条件（人種も，親の身長も，本人の年齢も，栄養条件もほぼ同じ）の下で，なお背が高い者と低い者がいるという現象を，「身長は，もともと確率分布をするものだ」と考えて，その確率分布（身長が高い低いの分布）を分析する手法を学ぼうというのが，統計学の考え方である。

⑷　確率分布の特徴

　あとで詳しく学習する機会があるが，せっかく確率分布という概念を学んだので，次の点を確認しておいてほしい。

重要ポイント

　⑴　確率分布の一つ一つの確率は，どれも 0 と 1 の間の値である。

$$0 \leqq P(X_k) \leqq 1$$

　⑵　確率は最も小さい時 0 で，それより小さく（マイナス）ならない。

　⑶　確率は最も大きい時 1 で，それより大きくなることもない。

　⑷　確率分布の一つ一つの確率をすべて加えると必ず 1 になる。

$$P(X_1) + P(X_2) + P(X_3) + \cdots\cdots + P(X_n) = \sum_{k=1}^{n} P(X_k) = 1$$

確認のためのQ&A・1.6

　確認のための Q&A・1.5 の数字を見ながら，次のことを確かめよう。

(*Question*)

　⑴　すべての確率は，上の性質⑴，⑵，⑶を満たしているか？

　　（すべての確率は 0 と 1 の間の値であるか？）

　⑵　すべての確率の合計は 1 になっているか？

(*Answer*)

$$P(140 \leqq X < 150) = 0.10$$

$$P(150 \leqq X < 160) = 0.43 \quad ⑴ \quad 各々の数字は 0 と 1 の間にある。$$

$$P(160 \leqq X < 170) = 0.39$$

$$P(170 \leqq X < 180) = 0.07 \quad ⑵ \quad 左記のように合計は 1 になる。$$

$$\underline{P(180 \leqq X < 190) = 0.01}$$

$$P(140 \leqq X < 190) = 1.00$$

1.4 統計学の分析概念（その2）──母集団と標本──

⑴ 母集団（population）

ある現象の，あらゆる観測値の集合を母集団という。

「16～20歳の女性の身長」を例にとれば，世界中には数え切れないほどたくさんの「16～20歳の女性の身長」がある。

この，実際に観察することはほとんど不可能に近い「<u>16～20歳の女性の身長</u>」のすべてのことを「16～20歳の女性の身長」の「**母集団**」という。

これは統計学独特の考え方なので，よく覚えておく必要がある。

⑵ 無限母集団と有限母集団

母集団には**無限母集団**と**有限母集団**がある。

統計的現象の多くは，母集団の大きさは無限だと考えられる。これを「**無限母集団**」という。例えば，「過去から未来にわたるすべての16～20歳の女性の身長」は無限であり，全部を測ることはできない。

これに対して，「今年東京に在住している16～20歳の女性の身長」は有限で，本気で測れば測れないことはない。このような母集団は「**有限母集団**」である。

⑶ 標本（sample）

有限母集団にせよ，無限母集団にせよ，実際にすべてを観測することは不可能なので，その一部を観測する。この一部分の観測データを「**標本**」（**sample**）という。

母集団（population）から一部分を取り出したものが標本（sample）である。

標本を観測することを「標本抽出」（sampling）という。

これから学習する統計学のいろいろな分析方法は，母集団から「標本」を抽出して，標本から得られる情報をもとに母集団の性質を推測するための方法である。

母集団と標本を理解するために,「身長」を例に考えてみよう。

(1) 「人の身長」の母集団——この世のありとあらゆる人の身長

　　「人の身長」の標本——国, 人種, 性別, 年齢を問わず選ばれた人の身長

(2) 「日本人の身長」の母集団——日本中のありとあらゆる人の身長のすべて

　　「日本人の身長」の標本——日本人であれば, 性別, 年齢等を問わずに
　　　　　　　　　　　　　　　選ばれた人の身長

(3) 「日本人の 20 歳の女性の身長」の母集団——日本人の 20 歳の女性の身
　　　　　　　　　　　　　　　　　　　　　　長のすべて

　　「日本人の 20 歳の女性の身長」の標本——日本人の 20 歳の女性の中か
　　　　　　　　　　　　　　　　　　　　　ら選ばれた人の身長

(4) 「100 人のクラスの学生の身長」の母集団——100 人のクラスの全学生の
　　　　　　　　　　　　　　　　　　　　　　身長

　　「100 人のクラスの学生の身長」の標本——100 人のクラスの学生から選
　　　　　　　　　　　　　　　　　　　　　んだ一部の学生の身長

ここまでのまとめを以下にあげる。ここまで順番に理解してきた諸君は, 以下の短い表現で十分に復習できるものと思う。

復習

(1) 統計学（記述統計学, 推測統計学）は大量観測データの中に存在する法則性を分析する科学的方法の一つであって, 確率論が基本になっている。

(2) 統計学では, すべての統計現象は確率分布をすると考える。

　　　　「分布」とは何か

　　　　「確率」とは何か

　　　　「確率分布」とは何か　　　　復習せよ

(3) すべての統計現象において, 母集団を観測することは不可能なので標本を観測して母集団の特性を分析するための手掛かりとする。

　　　　「母集団」とは何か

　　　　「標本」とは何か　　　　復習せよ

1.5 標本抽出

(1) 標本抽出はなぜ必要か

無限母集団を全部観測することは不可能である。また，有限母集団といえども全部を観測するのは不可能な場合が多い。したがって，母集団の一部である標本を抽出する必要がある。

理解のための例

　あるデパートで，20歳の女性を対象に既製服の仕入れをする。身長の分布に合わせて仕入れをしたい。そのために，20歳の女性の身長の分布を知りたいのだが，母集団を調べることは不可能なので，100人の女性を標本として選んで，彼女たちの身長を調べる。

---

(2) 無作為標本——望ましい標本——

　上の例でもわかるように，母集団を全部調べることができないから標本抽出をする。

　したがって，標本は，母集団の性質をよく表わす標本であることが望ましい。母集団の性質をよく表わす標本を抽出するためには，**偏りのない**標本抽出をすればよい。標本を選ぶにあたって，特定のグループ（特定の町の出身者や特定の生活習慣を持っている人，特定の仕事をしている人，等々）に偏らないようにする。

　どのような基準から見ても，偏りのない標本を選ぶ方法を「**無作為抽出**」または「**無作為標本抽出**」（random sampling）という。またこの方法で抽出された標本を「**無作為標本**」（random sample）と呼ぶ。

　これから学ぶのは，「無作為抽出」の方法である。その方法論に入る前に以下の(3)～(6)の予備知識が必要であるので，それを理解してから無作為抽出を学ぶことにしよう。

(3) 観測した標本データの記録の仕方

観測した標本データは，わかりやすく，しかも統計分析がやりやすいような形で記録しなければならない。それには**「観測データ表」**の形式が一番よい。

観測データ表の形式は〔表1.1〕のようなものである。

観測番号は「i」で表わす。

観測番号の最後は，一般的に書く時は「n」と書く。

（もし観測値が10個ならnは10になる。しかし一般に書く時はnと書く。）

〔表1.1〕

観測番号 i	観測値 X_i
1	X_1
2	X_2
3	X_3
⋮	⋮
⋮	⋮
n	X_n

慣れてきたら ⇨⇨⇨

i	X_i
1	X_1
2	X_2
3	X_3
⋮	⋮
⋮	⋮
n	X_n

観測値は1番目の観測値をX_1，2番目の観測値をX_2というふうに表わす。第i番目の観測値はX_i，n番目（最後）の観測値は，X_nと表わす。

慣れてきたら，〔表1.1〕の右の表のように記号で書けばよい。専門家同士なら「iは観測番号」，「X_iは観測値」を表わしていることはわかるからである。

確認のためのQ&A・1.7

（*Question*）　20歳の女性10人について，実際に身長を測った。その結果は，162cm，180cm，156cm，168cm，170cm，169cm，158cm，152cm，174cm，164cmであった。

この10個の観測データを「観測データ表」の形で記録しなさい。

（*Answer*）　〔表1.2〕の左端の表を見よ。

⑷ 「標本の大きさ」と「標本の数」

〔表1.2〕

第1標本		第2標本		第3標本	
i	X_i	i	X_i	i	X_i
1	162	1	173	1	168
2	180	2	172	2	181
3	156	3	155	3	173
4	168	4	167	4	162
5	170	5	170	5	157
6	169	6	169	6	169
7	158	7	159	7	158
8	152	8	154	8	151
9	174	9	172	9	166
10	164	10	167	10	161

（右側）標本の大きさ

（下側）標本の数

　〔確認のためのQ&A・1.7〕の結果できた観測データ表を，〔表1.2〕の左端に書いてある。これに加えて，あと2回同様の標本抽出をした結果を観測データ表の形で記録してある。

　1つの標本（ワンセットの標本）に含まれる観測データの数（上の例では10）のことを「標本の大きさ」または**「標本サイズ」**という。英語ではsample size，あるいは size of sample である。

　標本を何セット観測したか，そのセット数（上の例では3）のことを**「標本の数」**という。英語では number of sample である。

重要ポイント

　162，140，…… というような1つ1つの観測データは「標本」とはいわない。「標本」とは，上の第1標本全体がワンセットで1つの標本である。第2標本もワンセットで1つの標本，第3標本もワンセットで1つの標本である。

確認のためのQ&A・1.8

（Question）	（Answer）
(1) 〔表1.2〕の事例では標本はいくつあるか？	3つ
(2) 標本の数はいくらか？	3つ
(3) 標本の大きさはいくらか？	10
(4) 第1標本の n はいくらか？	10
(5) 第1標本の X_1（1番目の観測値）はいくらか？	162cm
(6) 第3標本の X_6 はいくらか？	169cm

確認のためのQ&A・1.9

i	X_i
1	162
2	180
3	156
4	168
5	170
6	169
7	158
8	152

i	X_i
1	162
2	180
3	156
4	168
5	170
6	169

（Question） ここには大きさいくつの標本がいくつあるか？

（Answer） 大きさ8の標本が1つ，大きさ6の標本が1つ，あわせて2つの標本がある。

確認のためのQ&A・1.10

（Question）あなたの周りの友人20人が昨日コーヒーを何杯飲んだかについての標本を1つ作成しなさい。また，コーヒー愛好者でない人は標本に含めるべきか否か。

（Answer）・標本⇒各自作成。

・愛好者でない人の扱い⇒得たい情報によって異なる。

    (a) 含める…友人全体の中で，コーヒーがどのくらい飲まれているかを知りたい場合。

    (b) 含めない…友人でかつ愛好者のうちコーヒーが一日何杯飲まれているかを知りたい場合。

(5)　母集団の要素データに要素番号をつける

　母集団から標本を取り出すには，一つ一つ抽出するデータを指定しなければ
ならない。一つ一つの母集団データのことを「**母集団の要素**」（element of
population）という。

　母集団の要素一つ一つに番号がついていると，抽出作業を行ないやすい。
そこで要素番号をつける。母集団のエレメントが 100 あれば 001〜100 までの
3 桁の番号をつければよい。

　（実際には，次の〔表1.3〕を見ればわかるように，最後の 100 番を 00 番と
読みかえることにより，2 桁の要素番号で十分間に合う。これも大切なテク
ニックの一つである。）

〔表1.3〕　ある町の全世帯100軒の世帯主の年齢の有限母集団

要素番号	世帯主の年齢	要素番号	世帯主の年齢	要素番号	世帯主の年齢	要素番号	世帯主の年齢	要素番号	世帯主の年齢
01	76	21	46	41	45	61	41	81	52
02	50	22	37	42	42	62	58	82	28
03	49	23	50	43	58	63	55	83	65
04	48	24	38	44	42	64	45	84	48
05	51	25	58	45	62	65	43	85	67
06	30	26	38	46	42	66	46	86	54
07	41	27	61	47	57	67	48	87	52
08	32	28	43	48	39	68	59	88	41
09	52	29	50	49	36	69	56	89	51
10	33	30	64	50	54	70	63	90	49
11	47	31	51	51	57	71	54	91	70
12	34	32	40	52	46	72	43	92	49
13	52	33	53	53	56	73	53	93	60
14	35	34	40	54	44	74	47	94	72
15	39	35	64	55	54	75	60	95	51
16	36	36	68	56	47	76	44	96	49
17	59	37	59	57	56	77	53	97	61
18	57	38	48	58	44	78	66	98	50
19	63	39	46	59	55	79	53	99	62
20	37	40	55	60	45	80	47	00	24

無限母集団の場合は，要素番号は無限につけなければならないが，標本抽出作業を無限に行なうわけではないから，ある程度の有限のサイズで止めて有限母集団と同じに扱う。

　これから標本抽出の実際の練習をするために，実習用の母集団が必要である。そこで，要素番号をつけた有限母集団の実例として〔表1.3〕を用意した。

　〔表1.3〕は有限母集団（100軒の家の世帯主の年齢）の一つ一つの要素に番号がついた状態になっている。

　現実には，このような調査をする場合には，次のようにする。

(1)　実地調査の場合――調査のために訪問する家の一軒一軒に地図上で番号をつけ，訪ねて行って世帯主の年齢を尋ねる。

(2)　戸籍簿が使える場合――戸籍簿上の一軒一軒に番号をつけ，世帯主の生まれた年を転記し，年齢を計算する。

具体例A　母集団のリスト（台帳）がある場合

　選挙の際には，放送局や調査機関は各候補者の支持率の調査をする。その場合，選挙人名簿や電話番号簿などをもとにして，標本抽出を行なう。

具体例B　母集団のリスト（台帳）がない場合

　デパートの商品構成を決めるために，来店客の身長の標本調査を行なうには，母集団のリストはない。母集団は不特定多数である。

　そこで，客が来るのを待っていて，適当な方法で無作為抽出する。

　注意：Aの場合には，調査対象に番号がついている場合がある。この番号の何番を標本として採用するか，を決めるために，次のページで説明する乱数を使う。Bの場合には，調査対象に番号がついていないから，まず，番号をつけてその番号を乱数表でとり出すのである。

　さあ，乱数表のことを学ぶことにしよう。

(6)　乱数表を使う

〔表 1.3〕の母集団から無作為標本を抽出するには，〔表 1.3〕の要素番号を無作為（at random）に選ばなければならない。

　無作為抽出をするためには「乱数表」（random number table）という特別の数表を使う。

　乱数表は，文字通りランダムに数字が並んでいる表で，これを使って，何番の標本をとり出すかを決めるのである。

　乱数表から乱数を読み取り，その乱数を要素番号として読みかえることによって，無作為標本を抽出する。

　「乱数表」にはいろいろな種類があるが，無作為標本抽出に使う乱数表は，**「一様乱数表」**（**「矩形乱数表」**ともいう）というものである。

　一様乱数表は，0，1，2，……，9 の数字が完全に同じ確率で，無作為に配列してある数表である。

乱数表の行列

〔表 1.4〕の一様乱数表は，5000 個の乱数をタテ 50，ヨコ 100 の配列で並べてある。

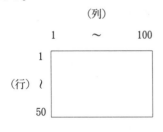

・ヨコ方向を「行」，
　タテ方向を「列」という。
・行は row（ロウ）
　列は column（コラム）である。
・第 1 行とは 1 番上のヨコ 1 行をさし，
　第 2 行とは 2 番目のヨコ 1 行をさす。
・第 1 列とは左端のタテ 1 列をさし，第
　2 列とは 2 番目のタテ 1 列をさす。

　乱数表は，使いやすいように（乱数を拾いやすいように）10 行おきに，また 5 列おきに，少し間をあけて印刷してある。

乱数表の使い方

　乱数表は，どこから使い始めてもよい。どこから使い始めても「無作為に（at random）」数を拾うことができる。例えば，「自分の誕生日が <u>10</u> 月 <u>15</u> 日だから第 10 行 15 列から右へ拾っていく」，というように自分で決めればそれでよい。あるいは，「今年は <u>1994</u> 年だから前半の 2 桁と後半の 2 桁を使って19行94列から」，というようなことでもよい。

　あとは右方向でも，左方向でも，上でも下でも好きな方向に乱数を拾っていけば「無作為な」数を拾い続けることができる。

　もう一つ重要なことがある。乱数を拾っていくと，同じ数が何度も出てくることがある。

　同じ数を何度でも採用する方法を「**復元抽出法**」

　同じ数は使わずに捨てる方法を「**非復元抽出法**」という。

　どちらの方法を使うかは分析の目的によって異なる。（後で説明する。）

乱数を読み取る練習 1

　何はともあれ乱数を読み取る練習をしよう。

　第10行21列から右へ 2 桁の乱数を 5 つ読み取れ。

　　結果は右の表のようになる。
　　RN は乱数（random number）の略号。

i	RN
1	72
2	23
3	76
4	41
5	71

乱数を読み取る練習 2

　第16行14列から右へ 2 桁の乱数を 5 つ，非復元抽出法で抽出せよ。

　　結果は右の表のようになる。

　　　2 度目に出てきた67は読みとばす。——→

i	RN
1	67
2	02
3	69
4	47
5	19

〔表 1.4〕　乱数表

	5	10	15	20	25	30	35	40	45	50
1	14664	81013	28379	75318	22259	16319	30182	29997	44389	64528
2	85417	07210	72121	75148	45155	49377	90901	91589	32125	61696
3	99344	59450	76264	12225	20832	84709	57803	82669	32407	81846
4	54822	24431	05846	06100	57186	51081	07865	70579	69917	23861
5	98698	87213	93311	80589	25023	77942	26008	96572	54060	75769
6	16584	20859	07974	59979	17474	57221	94294	00062	05545	23582
7	38262	22355	76243	38112	16523	93583	93641	58354	47181	48291
8	54540	50920	43471	48980	81265	12743	97375	75093	71633	29883
9	89246	87636	50130	70181	29719	01322	61521	02478	95617	23587
10	08223	73757	44939	37434	72237	64171	75380	87173	27243	24444
11	20465	08490	32196	15891	12793	91085	88062	46555	49071	81649
12	22770	06995	56593	12156	17605	88471	44885	91447	51108	64590
13	90218	49606	26617	27417	11102	02260	26133	73465	41431	27325
14	06823	67873	69164	15525	78658	43431	43192	99007	94809	22308
15	48741	27907	70897	86653	47347	82283	82379	52023	91588	90925
16	84820	53447	70467	02696	74719	94532	58236	86287	13481	97414
17	96582	86642	79693	47774	94184	54633	11157	77496	25709	67205
18	36971	64118	61303	76138	48157	01771	80629	34388	01612	31984
19	61115	13565	41459	69063	64214	24044	90281	58990	01186	47047
20	57624	56475	18816	74471	77996	78791	75696	30035	04637	22934
21	46590	13334	50301	57996	11863	86284	43349	67681	46386	98306
22	88399	10949	03176	60598	86602	37811	13058	15717	87515	74950
23	29240	53051	07272	52855	19841	57999	19554	85474	78600	89273
24	03903	53344	63517	60018	23310	82969	31420	47678	66089	46035
25	39146	35181	23994	58273	17513	51325	90773	67520	85094	58192
26	15774	75209	95055	68234	78095	56508	29388	10275	89842	03173
27	65064	50788	82700	98676	20158	90378	06023	70340	04136	25008
28	18000	25979	84603	81491	43138	35434	96966	71814	53720	12713
29	31141	91534	72749	15605	72643	87847	48092	53395	20532	28368
30	65632	90950	54034	24748	30366	34394	21816	31321	31326	23939
31	60797	48144	94300	82984	57673	75080	99360	59345	64085	76822
32	73015	40556	05730	27608	30380	75767	06907	25162	07538	42488
33	37868	27051	35319	07228	03150	34607	01131	67281	36994	72850
34	85609	78445	61278	56005	69745	14798	30062	80561	42237	27453
35	54956	99557	66156	25604	25053	09067	48350	04657	14574	24865
36	70327	94249	12659	31541	79711	64856	60460	10375	09812	26998
37	76305	52386	56464	12157	32884	69350	32718	32445	90313	65876
38	61655	61906	44421	09282	76044	62675	71824	45918	39252	78625
39	74817	26939	48902	12334	98500	19043	27361	38689	02747	82065
40	07709	90337	07194	50109	72212	72935	80823	19555	56116	10669
41	84011	60228	68514	55458	01023	80627	87109	53678	32834	81002
42	92544	04800	75605	10856	55150	00459	31869	31990	91004	22812
43	58003	95135	00759	34198	98611	67950	56667	44538	89127	48929
44	45375	74306	60354	22213	06658	11415	38420	47490	39653	41818
45	73524	29812	02259	77064	38455	61521	75947	03947	94970	29484
46	29447	05792	19798	81336	63039	62827	80109	95055	92683	0.667
40	80146	54429	19684	40126	36921	37886	53971	79241	57114	72209
48	36534	37279	20616	30485	19483	87173	62172	01543	14220	21195
49	46716	89580	58255	32275	32602	57516	10942	33401	81418	42342
50	62074	75610	21798	33449	07578	50231	75626	99479	84080	25475

55	60	65	70	75	80	85	90	95	100	
24893	91910	79525	10325	72712	20402	05387	28119	44208	77751	1
42532	11711	90210	89271	81634	80590	31955	31889	10224	11525	2
03874	97782	32333	74211	72882	85023	81969	88576	73260	33595	3
49202	49731	12723	20588	37943	26833	94586	87829	06462	07935	4
97315	43586	53811	86774	85705	62948	39252	43357	93696	71029	5
75540	12989	76503	73387	20207	90675	18421	87945	13946	73097	6
33551	26036	78395	25937	48091	74956	92554	97300	41542	56290	7
63922	82744	16317	65905	47360	64106	01260	81459	51645	52192	8
02473	76843	51943	13168	17815	49301	00889	50050	94221	98399	9
53863	70517	44466	86242	20693	52893	01051	96175	49695	21232	10
39346	53931	10298	09889	70870	48043	45593	86543	50289	54572	11
49410	90045	24887	64653	35340	85237	09993	25302	69174	16894	12
77622	57090	07519	78550	73423	01805	06811	85505	47837	04828	13
48814	13050	87980	59408	66070	48286	39221	44166	39625	63193	14
32973	31433	80633	78971	75676	49865	17710	80486	61111	75694	15
26905	52388	50210	48253	68137	32339	35117	66435	83548	68906	16
25761	43159	94218	44131	81185	52137	07593	52399	23513	29059	17
81403	49241	32359	63666	96681	23822	03523	17355	08646	49715	18
14129	06963	77376	85712	42241	53009	31326	06771	60398	31969	19
50864	69675	31952	81683	77164	71566	84831	72992	18461	71618	20
02757	68853	12983	36290	24901	90961	17013	63233	61557	44793	21
01191	32181	18199	05993	44946	23087	26975	47983	52302	32497	22
35070	97921	40451	57777	56776	58600	60829	27511	03505	15596	23
49949	85914	89725	51920	85930	21473	21725	15494	13951	68318	24
22735	14533	02363	32914	42089	39484	13645	98413	53332	39873	25
87867	54069	98039	26758	56013	93110	76037	14657	60517	38796	26
71203	81878	71805	26115	89636	28379	60943	68912	40356	50698	27
54047	47271	97945	02113	92658	88153	49476	27413	88462	31506	28
22983	49288	07600	92848	71997	55534	62949	98840	77825	43773	29
01781	37892	62387	06318	92593	97699	74713	17762	90619	06785	30
11016	12080	07314	56463	36510	92465	14398	74953	15919	87880	31
41763	48090	58132	44888	94944	13106	19147	88280	10665	10490	32
87571	91063	94115	80359	20933	21084	09769	45512	68108	36008	33
85494	30086	26961	79814	09609	93229	39683	49681	28532	73211	34
72304	34443	87917	05116	92167	65148	12460	90482	61935	68368	35
86021	38506	92928	87140	66703	80826	67697	75912	20766	22203	36
73695	94417	79398	94713	56768	25948	03191	69032	78279	84320	37
44288	62662	74025	20066	46404	21622	43493	54894	65869	66348	38
68877	89580	19560	47052	55228	08320	90486	20306	27745	78007	39
03411	08521	07787	34897	49347	30715	71868	33776	09577	13181	40
31331	51049	00382	79400	62302	13194	63547	56265	41731	90476	41
23622	76652	33104	33032	36699	94108	79395	60867	72601	24702	42
28680	89899	71186	79858	99803	06308	90197	13861	18949	80840	43
00666	13222	13222	54096	66374	49460	02961	50516	01297	85856	44
12813	97527	68229	23974	91854	49021	02728	54375	61159	00576	45
03546	28211	99129	58816	73850	11722	60569	54423	06334	39012	46
11354	22546	88193	90157	40268	77518	76472	07209	30483	43266	47
89408	10175	26230	65170	15540	05924	86476	38254	74279	32325	48
58562	80815	78466	37345	81530	32060	94821	96843	28698	52297	49
48534	25304	46923	68177	10640	40598	41682	11691	87381	77345	50

26

(7) 無作為標本抽出の実際（その1）──有限母集団からの標本抽出──

〔表1.3〕 世帯主の年齢の有限母集団から大きさ6の標本を無作為抽出する。ただし，非復元抽出法を用いる。

〈手順〉

1. まず観測データ表の形で記録する準備をする。乱数の欄も用意する。

i	RN	X_i
1		
2		
3		
4		
5		
6		

2. 乱数を乱数表の適当なところから右へ2桁ずつ拾って，非復元抽出法（同じ乱数は使わない方法）で2桁の乱数を6組拾って記入する。

i	RN	X_i
1	21	
2	40	
3	45	
4	15	
5	77	
6	56	

この例では，乱数表の第23行59列から始めて右へ2桁ずつ拾った。
ただし，77という乱数が2度も現われたので，1度だけ採用してあとは読みとばし，非復元抽出した。

3. 乱数を母集団の要素番号と読みかえて，〔表1.3〕の母集団のデータを抽出し，観測データ表の観測値（X_i）の欄に記入する。

i	RN	X_i
1	21	46
2	40	55
3	45	62
4	15	39
5	77	53
6	56	47

実際の作業では上記の途中の表は作らない。
直接この表1枚を作ればよい。（上の表は説明のために作成したものである。）

確認のためのQ&A・1.11

(*Question*) 〔表1.3〕の母集団から大きさ8の標本を1つ，無作為抽出しなさい。乱数表〔表1.4〕を22行30列から右へ2桁ずつ，非復元抽出法で読み取って，2桁の乱数を取り出し，これを要素番号として使いなさい。

(注意) この設問では有限母集団からの非復元抽出を行なう。

もし復元抽出をするとしたら，〔表1.3〕の100軒の母集団世帯の何軒かに，2度も3度も世帯主の年齢を尋ねることになる。尋ねられた家では，「何で同じことを何度も尋ねるのか」と不審に思うに違いない。したがって，この場合，非復元抽出法（同じ家に2度は尋ねない）の方がよい。

(*Answer*) 上記の結果は左下のようになる。自分でやってみて確認せよ。

i	RN	X_i
1	11	47
2	30	64
3	58	44
4	15	39
5	71	54
6	78	66
7	75	60
8	74	47

注意：15が2度出てきたので読みとばした（非復元抽出した）。したがって，とり出した乱数（RN）には同じものはない。

しかし，乱数（要素番号）11のデータ（X_1），乱数（要素番号）74のデータ（X_8）はともに「47」である。非復元抽出でも X_i が同じ数値になることはありうる。

　どうであろうか。標本抽出にだいぶ慣れたであろうか。要するに「習熟する」ことが統計学がわかるようになるカギなのである。

　上のQ&Aの例題の標本をとりかえたり，乱数の拾い方を自由に変更（最初の乱数の拾い方を変える，乱数を拾っていく方向を上から下，右から左などいろいろに変えるなど）して練習を重ねよ！

(8)　無作為標本抽出の実際（その2）──無限母集団からの標本抽出──

次に**無限母集団からの標本抽出**の練習に移る。

有限母集団からの標本抽出の場合には，有限母集団として〔表1.3〕を用意しておいた。

同様に，無限母集団を用意して諸君の練習に使いたいのだが，それは無理である。なぜなら，無限母集団の表を印刷するには無限にページ数が必要だからである。そこで，次のような疑似的方法を使う。

無限母集団からの標本抽出の疑似的方法

有限母集団から復元抽出をすると，**無限母集団からの標本抽出**に近い標本が得られる。

同じ乱数が2度，3度と繰り返して現われた場合，それを読みとばさずに採用する。その結果，同じデータが何度も標本データとして採用される。そうすると，無限母集団からの標本抽出に近い結果が得られるのである。

例題を使って手順をおぼえよう。〔表1.3〕の母集団（世帯主の年齢の有限母集団）から大きさ6の標本を1つ無作為抽出する。ただし復元抽出法を用いる。（同じ要素が選ばれたら，それを採用する。）

〈手順〉

1.　まず観測データ表の形で記録する準備をする。（有限母集団からの非復元抽出と全く同じである。）
2.　乱数を乱数表の適当な所から右へ2桁ずつ復元抽出法（同じ乱数が現われれたら採用する方法）でとり出して記入する。

i	RN	X_i
1	21	
2	40	
3	45	
4	15	
5	77	
6	77	

この例では，乱数表を第23行59列から始めて右へ2桁ずつ拾った。

77という乱数が2度現われたが，いずれも採用した。

3. 乱数を母集団の要素番号として用いて，母集団のデータを抽出し，観測データ表の観測値（X_i）の欄に記入する。

i	RN	X_i
1	21	46
2	40	55
3	45	62
4	15	39
5	77	53
6	77	53

実際の作業では上記の途中の表は作らない。
直接この表1枚を作ればよい。（上の表は説明のために作成したものである。）

　この標本は，有限母集団から抽出したものではあるが，復元抽出法を用いているので，無限母集団から抽出された標本に近いものとみなすことができる。以後，無限母集団からの標本抽出が必要になったらこの方法で代用する。

確認のためのQ&A・1.12

（*Question*）〔表1.3〕を無限母集団とみなして，大きさ12の標本を1つ抽出しなさい。乱数表〔表1.4〕を36行11列から右へ2桁ずつ，復元抽出法で読み取って，2桁の乱数を取り出し，これを要素番号として使いなさい。

（*Answer*）標本抽出の結果は次のようになる。

i	RN	X_i
1	12	34
2	65	43
3	93	60
4	15	39
5	41	45
6	79	53
7	71	54
8	16	36
9	48	39
10	56	47
11	60	45
12	46	42

⑼ 標本抽出の応用

以上で身につけた方法を，いろいろなケースに応用して，標本抽出することができるようになってほしい。

確認のためのQ＆A・1.13

〔表1.5〕は1989年の世界各国の1人当たりGNP（国民総生産）の表である。この表を母集団と考えて，大きさが8の標本を1つ抽出したい。

①この場合，復元抽出がよいか非復元抽出がよいか，自分で判断せよ。

②乱数表をどこから使いはじめるか，自分で決める。

③先ほど行なった手順に従って，観測データ表を用意し，その中に観測データを記入する。

⑽ 無作為抽出の簡便法

以上の方法をもっとらくにする簡便法がある。母集団がランダムに並んでいると考えられる場合には，最初の1つだけを乱数表を使って選び，あとは10番おき，あるいは15番おき，というように一定の番号おきに採用していけば，すべて乱数表を使った場合とあまり違わない無作為抽出ができる。

実際に，アンケート調査等を行なう場合には，電話帳や戸籍台帳等を用いて標本を選ぶが，その場合には，最初の一件だけを乱数表で選び，あとは一定の抽出率で何番おきに標本データを採るかを決める。

⑾ 単純抽出法と層化抽出法

以上で学んだ標本抽出法は，いずれも「**単純抽出法**」という方法である。（より正確な呼び方として**単純無作為抽出法**，あるいは**単純任意抽出法**。）

これに対して「**層化抽出法**」というもう少し手のこんだ方法がある。

わかりやすい例として，全国から1000世帯の家を選んで，その月間所得を観測する場合，まず47都道府県の中から20の都道府県を無作為抽出し，次にその選ばれた都道府県の中から，1県当たり50世帯を無作為抽出する方法などがある。

このテキストでは，層化抽出法を詳しく練習することは省き，将来もう少し進んだ段階で学ぶことにしてもらいたい。

〔表 1.5〕　世界各国の 1 人当たり GNP（Per Capita GNP）

(unit：US $)

ヨーロッパ			アメリカ			アジア			アフリカ		
国番号	国　名 (country)	Per Capita GNP	国番号	国　名 (country)	Per Capita GNP	国番号	国　名 (country)	Per Capita GNP	国番号	国　名 (country)	Per Capita GNP
01	スイス	30,207	20	米国	21,100	40	日本	23,730	64	ガボン	2,770
02	フィンランド	22,060	21	カナダ	19,020	41	UAE	18,430	65	南アフリカ	2,460
03	ノルウェー	21,850	22	トリニダード	3,160	42	クウェート	16,380	66	アルジェリア	2,170
04	スウェーデン	21,750		＝トバゴ		43	シンガポール	10,450	67	モーリシャス	1,950
05	旧西ドイツ	20,750	23	ウルグアイ	2,620	44	イスラエル	9,750	68	チュニジア	1,260
06	デンマーク	20,510	24	ブラジル	2,550	45	香港	9,220	69	カメルーン	1,010
07	フランス	17,830	25	ベネズエラ	2,450	46	サウジアラビア	6,230	70	コンゴ	930
08	ベルギー	16,390	26	アルゼンチン	2,160	47	オマーン	5,220	71	モロッコ	900
09	オランダ	16,010	27	メキシコ	1,990	48	大韓民国	4,400	72	コートジボアール	790
10	イタリア	15,150	28	コスタリカ	1,790	49	マレーシア	2,130	73	ジンバブエ	640
11	イギリス	14,570	29	パナマ	1,780	50	ヨルダン	1,730	74	エジプト	630
12	スペイン	9,150	30	チリ	1,770	51	トルコ	1,360	75	アンゴラ	620
13	アイルランド	8,500	31	ジャマイカ	1,260	52	タイ	1,170	76	モーリタニア	490
14	ギリシャ	5,340	32	コロンビア	1,190	53	シリア	1,020	77	ギニア	430
15	ポルトガル	4,260	33	ペルー	1,090	54	フィリピン	700	78	トーゴ	390
16	ハンガリー	2,560	34	エクアドル	1,040	55	インドネシア	490	79	ザンビア	390
17	ユーゴスラビア	2,490	35	エルサルバドル	1,040	56	スリランカ	430	80	ガーナ	380
18	ポーランド	1,760	36	パラグアイ	1,030	57	パキスタン	370	81	ケニア	380
19	アルバニア	930	37	グアテマラ	920	58	中国	360	82	ブルキナファソ	310
			38	ホンジュラス	900	59	インド	350	83	ルワンダ	310
			39	ボリビア	600	60	ブータン	190	84	ニジェール	290
						61	バングラデシュ	180	85	ザイール	260
						62	ラオス	170	86	マリ	260
						63	ネパール	170	87	ナイジェリア	250
									88	ウガンダ	250
									89	マダガスカル	230
									90	ブルンジ	220
									91	シエラレオネ	200
									92	チャド	190
									93	マラウイ	180
									94	ソマリア	170
									95	エチオピア	120
									96	タンザニア	120
									97	モザンビーク	80

〔データ出所：The World Bank, *World Bank Atlas* 1990, 1990〕

1.6　階級分けしたデータの作り方

1.5節で作った観測データは，「生のデータ」（raw data）と呼ばれる。

観測データを階級分けしたデータは，「**階級別データ**」（classified data）と呼ばれる。縮めて「**級別データ**」と呼ぶこともある。

生のデータを表にしたものは「**観測データ表**」と呼ぶ。級別データを表にしたものを「**度数分布表**」と呼ぶ。

度数分布表を柱状グラフの形で描いたものがヒストグラムである。

級別データは，次のような便利な性質を持っている。

①ヒストグラムを描くのに便利である。

②級別データやヒストグラムの形にすると，分布の形がわかりやすい。

③分布の特性値（次の章で学ぶ，平均や標準偏差等）の計算がしやすい。

級別データを度数分布表の形で記録する方法

実例として，下の〔表1.6〕の観測データ表（raw data）を用いる。

〈階級分けの手順〉

1.　まず，最大値と最小値を見つける。

　　　最大値＝181cm

　　　最小値＝139cm

2.　分布の幅を計算する。

　　　分布の幅は略して「幅」ともいう。（英語では range，略してR）

　　　分布の幅＝最大値−最小値

　　　R＝max.−min.

　　　＝181cm−139cm＝42cm

3.　階級間隔と階級の数を決める。

　(1)　階級間隔（級間隔ともいう。class interval）

　　　最大値と最小値の間を，いく

〔表1.6〕　16～20歳の女性20人の
身長の観測データ

観測番号 i	観測値 X_i	観測番号 i	観測値 X_i
1	158	11	166
2	163	12	154
3	139	13	165
4	157	14	148
5	156	15	172
6	144	16	156
7	152	17	162
8	176	18	167
9	154	19	181
10	149	20	159

らの幅の級に分割するかを決める。

(2) 階級の数（級の数ともいう。number of classes）

級の幅が決まれば自動的に級の数も決まる。

(3) 級間隔と級の数は，分析や観察の目的に応じて適当に決めればよい。この実例では身長を10cmの幅で級分けすると見やすいと考えられるので，級間隔を10cmとする。したがって，級の数は130〜140cm，140〜150cm，……，180〜190cmまでの6階級になる。

4. 境界値と階級値を決める。

境界値（class boundary）とは一つ一つの級の境目の値，階級値（class mark）とは境界と境界の中間すなわち各級の中央の値である。この実例では，130，140，150，……，190を境界値とする。したがって，階級値はその中間の135，145，155，……，185となる。

5. 度数分布表を作るための準備作業（ワークシートを作る）

6. カウントする。日本では「正」という漢字を用いて5つずつカウントする。

階級番号 k	境　界　値	階級値 X_k	カウント	度数
1	130以上140未満	135		
2	140 〃 150 〃	145		
3	150 〃 160 〃	155		
4	160 〃 170 〃	165		
5	170 〃 180 〃	175		
6	180 〃 190 〃	185		

欧米では ### マークを用いる。/，//，///，////，### の順で書く。この印はタリー記号という。〔表1.6〕の観測データ表の最初のデータは158であるから，第3階級（k＝3，150〜160）のカウント欄に / をカウントする。次のデータは163であるから，第4階級（k＝4，160〜170）のカウント欄に / をカウントする。

以下，同様にしてカウントした結果は，次のようになった。

階級番号 k	境　界　値	階級値 X_k	カウント	度数
1	130以上140未満	135	/	1
2	140 〃 150 〃	145	///	3
3	150 〃 160 〃	155	////　///	8
4	160 〃 170 〃	165	////	5
5	170 〃 180 〃	175	//	2
6	180 〃 190 〃	185	/	1

7. 境界値とカウントの欄は最終的には省略して，度数分布表は次のように
　　なる。

階級番号 k	階級値 X_k	絶対度数 f_k	相対度数 f_k
1	135	1	0.05
2	145	3	0.15
3	155	8	0.40
4	165	5	0.25
5	175	2	0.10
6	185	1	0.05

　　慣れてくると，この最終段階の度数分布表を直接作れるようになる。

　　相対度数の欄は必要な時だけ書けばよい。

　　絶対度数も相対度数も記号は f_k である。

8. 必要があればヒストグラムを作る。

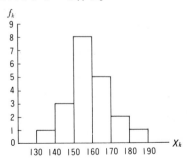

確認のためのQ&A・1.14

（*Question*）　表1.6の観測データ表（raw data）から級別データ（classified data）を作れ。

今度は，階級値がちょうど140，150，……，180になるように階級の境界値を決めよ。

（*Answer*）

階級番号 k	境　界　値	階級値 X_k	カウント	度数
1	135以上145未満	140	//	2
2	145 〃 155 〃	150	////	5
3	155 〃 165 〃	160	//// //	7
4	165 〃 175 〃	170	////	4
5	175 〃 185 〃	180	//	2

階級値の選び方で，同じデータから全く違う度数分布表ができたことを確認せよ。

以上で第1章の勉強を終わる。

統計学の方法を学ぶには，

①母集団から標本を抽出する（データを観測する）

②抽出した標本を観測データ表（raw data）の形で記述する

③必要があれば，さらに，級別データ（classified data）に直して度数分布表を作る

という3つの作業が完全にできるようになることが，どうしても必要である。

この仕事が，気軽にできるようになれば，統計学は諸君のものになる。

次の章では，第1章で身につけた，標本データの2つの表記方法

①観測データ表（raw data）

②度数分布表（classified data）

を使って新しい勉強が始まる。

補論　演算についての補習

　第1章の標本抽出，観測データ表や度数分布表の作成には特に計算らしい計算をする必要はなかった。しかし，第2章以後の統計的方法の学習では，「演算」が必要になる。

　数学が得意でない人や数学アレルギーの人でも，＋，−，×，÷の四則演算に慣れれば，計算などは難しくない。電卓を使えば計算は簡単にできる。

　このテキストでは誰にでも簡単に使える電卓を使うことをすすめる。統計学入門の勉強全体を通じて，ほとんどの計算は電卓で実行できる。

　「関数電卓などを使うのは低級な学習方法だ」とか，「そのような学習方法は，数学の論理を教わることにならない」という批判をする人もいるが，私はそうは思わない。

　入門段階で統計処理や統計学の方法論に慣れるためには，この方法は有効である。

　「統計学入門の学力の半分以上は，電卓を使いこなす腕力である」というのが，私の長年の経験からの結論である。このテキストでは，読者が安価で簡便な関数電卓を持っていることを前提にして，練習をすることにする。

頭の中でする演算（論理演算）と腕でする演算（数値計算）

演算には2種類ある。

(1)　頭の中でする演算（**論理演算**）

　　　　計算のステップを式と記号で書いたもの。

　　　　計算の内容を理解したり，公式で表わしたりするために必要である。

　　　　〔例〕　X_1，X_2，X_3 の合計 S を計算する

　　　　　　　$S = X_1 + X_2 + X_3$

(2)　腕でする演算（**数値計算**）

　　　　実際に数値（データ）を使って計算する。

　　　　〔例〕　$X_1 = 0.25$，$X_2 = 1.23$，$X_3 = 3.26$ の合計 S を計算する

　　　　　　　$S = 0.25 + 1.23 + 3.26 = 4.74$

統計学を学ぶには，まず第一に，数値計算が正確にできることが重要である。それに加えて，基本的・初歩的な論理演算にも慣れる必要がある。

わかりやすい実例

16〜20 歳の女性 10 人の身長の平均の計算

（論理演算）　実際のデータが手元にない状態で，平均を計算するステップを記号で書き表わすと次のようになる。

観測番号 i	観測値 X_i			i	X_i
1	X_1	途中省略して		1	X_1
2	X_2	書くと		2	X_2
3	X_3	⇨⇨⇨		3	X_3
4	X_4			⋮	⋮
5	X_5			⋮	⋮
6	X_6			⋮	⋮
7	X_7			⋮	⋮
8	X_8			⋮	⋮
9	X_9			⋮	⋮
10	X_{10}			10	X_{10}
合計	ΣX_i			合計	ΣX_i

表の X_1 は「第 1 番目のデータ」，X_2 は「第 2 番目のデータ」，X_i は「第 i 番目のデータ」を表わしている。

X_i の X は変数を表す記号（変数記号）である。変数記号は X とは限らず Y，Z 等，いろいろな文字を使う。

X_i の右下の小さな i は添字（サブスクリプト）という。何番目のデータであるかを示す。

合計欄の ΣX_i は，正確には $\sum_{i=1}^{10} X_i$ と書く。

Σ は「シグマ」と読む。ギリシャ文字である。

Σ は「合計計算をする」あるいは「合計計算をした結果」という意味の記号である。

$\sum\limits_{i=1}^{10} X_i$ は，「X_i という変数がある。その変数の第1番目（X_1）から，第10番目（X_{10}）までを全部合計する」という意味を表わしている。

平均を計算する。平均は $\overline{X}$（エックス・バー）という記号で表わす。

$$\overline{X} = \frac{X_1 + X_2 + X_3 + X_4 + X_5 + X_6 + X_7 + X_8 + X_9 + X_{10}}{10}$$

全部書かずに間を省略して，次のように書くこともある。

$$\overline{X} = \frac{X_1 + X_2 + \cdots\cdots + X_{10}}{10}$$

もっと簡単にすると，データ表の合計欄（ΣX_i）を10で割ればよいのだから，

$$\overline{X} = \frac{\sum\limits_{i=1}^{10} X_i}{10} \quad \text{あるいは} \quad \overline{X} = \frac{\Sigma X_i}{10}$$

（この書き方に慣れれば一番らくである）

データが n 個の一般的な場合は，

$$\overline{X} = \frac{\Sigma X_i}{n}$$

（数値計算）　実際のデータがあれば数値計算ができる。

i	X_i
1	156
2	161
3	158
4	152
5	163
6	150
7	162
8	173
9	154
10	148
合計	1577

X_i を上から下まで電卓で加えると合計が計算できる。

つまり $\Sigma X_i = 1577$

$$\overline{X} = \frac{\Sigma X_i}{10} = \frac{1577}{10} = 157.7$$

電卓を上手に使えば $\overline{X}$ も計算してくれる。

確認のためのQ&A・1.15

（*Question*） 数値計算がこんなに簡単にできるのだから，論理演算など覚える必要はないのではないか？ 論理計算は何の役に立つのだろう？

（*Answer*） 論理演算は，記号で示すことによって，どのような観測データが現われても，応用できる計算手順を示すのに役立つのである。

確認のためのQ&A・1.16

次の式をΣ記号（シグマ記号）を用いて書け

（*Question*）　　　　　　　　　　　　　　　（*Answer*）

(1)　$x_1 + x_2 + x_3$　　　　　　　　　　$\displaystyle\sum_{i=1}^{3} x_i$

(2)　$y_1 + y_2 + y_3 + y_4 + y_5$　　　$\displaystyle\sum_{i=1}^{5} y_i$

(3)　$x_1 + x_2 + \cdots\cdots + x_{10}$　　　$\displaystyle\sum_{i=1}^{10} x_i$

(4)　$y_1 + y_2 + \cdots\cdots + y_{100}$　　$\displaystyle\sum_{i=1}^{100} y_i$

確認のためのQ&A・1.17

次の総和記号を具体的な足し算の形で書け

（*Question*）　　　　　　　　　　　　　　　（*Answer*）

(1)　$\displaystyle\sum_{i=1}^{6} x_i$　　　　　　　　$x_1 + x_2 + x_3 + x_4 + x_5 + x_6$

(2)　$\displaystyle\sum_{i=1}^{100} y_i$　　　　　　　$y_1 + y_2 + \cdots\cdots + y_{100}$

総和記号の応用

次の第2章では，上で練習した総和記号をよく使う。

総和記号は変数の総和（ΣX_i）だけでなく，式の総和を表わすのにも使える。

〔例〕　夫の年齢（X_i）と妻の年齢（Y_i）の和（$S_i = X_i + Y_i$）を10世帯について求め，それを10で割って平均を計算する。

i	X_i	Y_i	$S_i = X_i + Y_i$
1	X_1	Y_1	$X_1 + Y_1$
2	X_2	Y_2	$X_2 + Y_2$
⋮	⋮	⋮	⋮　⋮
⋮	⋮	⋮	⋮　⋮
⋮	⋮	⋮	⋮　⋮
10	X_{10}	Y_{10}	$X_{10} + Y_{10}$

$$\sum_{i=1}^{10} S_i = \sum_{i=1}^{10} (X_i + Y_i)$$

$$\bar{S} = \frac{\sum_{i=1}^{10} S_i}{10} = \frac{\sum_{i=1}^{10} (X_i + Y_i)}{10}$$

この時，次のルールを覚えておくと便利である。

（ルール1）足し算の総和は分解できる

$$\Sigma (X_i + Y_i) = \Sigma X_i + \Sigma Y_i$$

つまり夫の年齢（X_i）と妻の年齢（Y_i）を加えておいて（$X_i + Y_i$）を作り，その総和 $\Sigma (X_i + Y_i)$ を計算してもよいし，あるいは，夫の年齢（X_i）の総和 ΣX_i と，妻の年齢（Y_i）の総和 ΣY_i を独立に計算しておいて，後で足して $\Sigma X_i + \Sigma Y_i$ としてもよい。

3項以上でも同じルールがあてはまる。

$$\Sigma (X_i + Y_i + Z_i) = \Sigma X_i + \Sigma Y_i + \Sigma Z_i$$

（ルール2）引き算の総和も分解できる

$$\Sigma (X_i - Y_i) = \Sigma X_i - \Sigma Y_i$$

（ルール3）定数について Σ を使うと次のような意味になる

〔例〕　$\displaystyle\sum_{i=1}^{3} 10 = 10 + 10 + 10 = 10 \times 3 = 30$

$$\sum_{i=1}^{3} A = A + A + A = 3A$$

$$\sum_{i=1}^{n} A = \underbrace{A + A + \cdots\cdots + A}_{n\, 個} = nA$$

（ルール4）定数＋変数の総和は次のように分解できる

$$\sum_{i=1}^{3} (A + X_i) = \sum_{i=1}^{3} A + \sum_{i=1}^{3} X_i = 3A + \sum_{i=1}^{3} X_i$$

$$\downarrow \quad \downarrow$$

$$定数 \quad 変数$$

（ルール5）定数×変数の総和は定数を Σ の外に出すことができる

$$\sum_{i=1}^{3} (10 \times X_i) = 10 \times \sum_{i=1}^{3} X_i$$

実際にバラして計算式を書いてみると納得できる。

$$\sum_{i=1}^{3} (10 \times X_i) = 10 \times X_1 + 10 \times X_2 + 10 \times X_3$$

$$= 10 \times (X_1 + X_2 + X_3)$$

$$= 10 \times \sum_{i=1}^{3} X_i$$

$$\sum_{i=1}^{n} A X_i = A \sum_{i=1}^{n} X_i$$

第1章の練習問題

> **是非わかってほしい！**

「練習問題」と聞くと何を連想しますか。

たぶん，「入学試験」，「模擬試験」，「偏差値」等を連想するでしょう。諸君の悲しい宿命です。

練習問題は本来，人を試験するためにあるのではありません。自分の能力を開発するために使うのです。

このテキストの練習問題は，諸君の能力を開発し，高めるためのものです。

「問題」の「解答」というと何を連想しますか。

たぶん，「正解」を連想するでしょう。

では，正解を書くためにはどうしますか。

たぶん，テキストを「丸暗記」することを思い出すでしょう。諸君の悲しい宿命です。

この世の中には，ただ1つの正解しかない問題というのは，ほんのわずかしかないのです。このテキストの練習問題は，諸君がいろいろと工夫をして，問題を解決する能力を高めるためのものです。唯一の正解を暗記するためのものではありません。

複雑な人間社会の社会，経済，政治現象に，ただ1つの正解があると思い込んで，「暗記」が唯一の勉強方法だと思い込んでいる「入試優等生」は，広い世界が見えず，広い知識と教養を持てないまま，狭い知識の切り売りをする世界に埋もれてしまいます。

期末試験にカンニングペーパーや，机の上にこっそり書いた公式を使って不正答案を書く者が後を絶たないばかりか，近頃ますます増えているのは「自分で考える能力を向上させる」ことをしないで，「正解」という虚像の暗記だけしかできない学生が増えている証拠です。

練習問題の目標：大量の統計データを整理する作業に慣れる。

　　　　　　　laborious な仕事を平気でこなす。

　　　　　　　大量の作業を手早く，要領よく，仕上がりを美しく実行する。

　大量のデータを上手に整理すると，統計的法則性が見えてくる，ということ
を理解する。

1.　下のデータは，ある会社の男子社員 180 人の年齢のデータである。彼らの
　　年齢の分布を知るために，相対度数分布表とヒストグラムを作りたい。

30	44	30	28	27	26	37	20	23	26	23	25	27	22	39	28
23	24	24	22	28	36	38	23	24	27	22	27	23	26	25	24
35	23	23	21	36	24	29	19	34	19	20	24	21	28	25	19
27	25	21	28	25	38	31	24	28	25	21	25	28	33	36	25
19	27	28	23	29	20	29	25	26	27	21	34	21	23	34	31
21	30	22	30	36	30	24	31	20	21	22	26	19	29	23	23
27	24	26	27	28	19	29	36	30	27	26	25	29	21	25	18
23	37	24	29	24	25	20	24	23	26	24	26	20	32	30	31
32	38	20	23	29	19	19	28	18	32	19	31	36	22	31	24
30	35	26	21	34	21	26	22	23	36	25	22	30	30	20	26
22	22	22	27	26	24	34	37	25	32	29	32	26	37	23	21
28	26	22	20												

(*Question*)　以下の手順に従って作業しなさい。

(1)　データの数が多いので，大きさ 20 の標本を抽出する。

　　　　（復元抽出と非復元抽出のどちらがよいか，判断せよ）

(2)　取り出した標本の観測データ表を作成する。

(3)　相対度数分布表を作成する。

(4)　相対度数分布表をもとにヒストグラムを作る。

　　（注意：年齢データは通常,小数点以下切り捨てである。）

(*Answer*)

(1)～(3)

　　　180 人にそれぞれ 1 番から 180 番までの番号をふる。乱数表のある 1 つ
　　　の位置を任意に選び 20 人を抽出する。（乱数のとり方には工夫が必要で
　　　ある。）

（例）　22　34　35　29　25　21　37　26　37　18

　　　　30　23　22　24　22　26　19　21　25　24

（注）　上記の抽出は非復元抽出で行なった。この会社の男子社員180人を
　　　　分析の対象とするためである。

(4)

年　齢	度数	相対度数
以上　　未満		
18～20	2	0.10
20～22	2	0.10
22～24	4	0.20
24～26	4	0.20
26～28	2	0.10
28～30	1	0.05
30～32	1	0.05
32～34	0	0.00
34～36	2	0.10
36～38	2	0.10

相対度数分布表

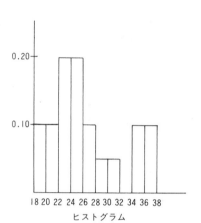

ヒストグラム

2. 問題1のデータの最下段の3行は，同社の海外駐在社員の年齢である。

（*Question*）

(1)　この部分から，大きさ20の標本を抽出せよ。

(2)　相対度数分布とヒストグラムを作り，

(3)　全社員の年齢分布と比較して，どのような違いがあるか，自由に分析せ
　　　よ。

（*Answer*）

(1)　同様に

　26　23　26　37　26　26　25　29　25　22

　30　22　34　26　28　21　23　27　30　22

(2)

年　齢 以上　　未満	度数	相対度数
18〜20	0	0.00
20〜22	1	0.05
22〜24	5	0.25
24〜26	2	0.10
26〜28	6	0.30
28〜30	2	0.10
30〜32	2	0.10
32〜34	0	0.00
34〜36	1	0.05
36〜38	1	0.05

相対度数分布表

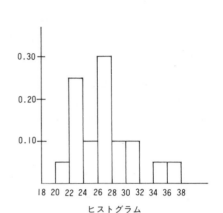

ヒストグラム

(3) 全社員に比べて 22〜27 歳に分布が集中しているようである。この会社はこれらの年齢の社員を特に海外駐在させているようである。

3. (*Question*)

(1) 次ページのデータ a は，1985 年の発展途上国と先進工業国における人口 1000 人に対する 1 年間の出生数である。両方のグループについて度数分布表とヒストグラムを作成し，両者を比較した上で何が読み取れるか論ぜよ。

(2) 次ページのデータ b は，1985 年の発展途上国と先進工業国における出生数 1000 人に対する 1 歳未満乳児の年間死亡数である。両方のグループについて，度数分布表とヒストグラムを作成し，両者を比較した上で，何が読み取れるか論ぜよ。

(3) 出生率が高い国では死亡率は低いといえるか，その反対か。
それはなぜであるか，理由を想像して説明してみよ。

発 展 途 上 国	データa	データb	先 進 工 業 国	データa	データb
アフガニスタン	49.3	172.0	日本	11.9	5.5
インド	32.9	97.2	アメリカ	15.6	10.6
インドネシア	28.6	75.0	カナダ	14.9	7.9
パキスタン	32.9	115.9	イギリス	13.3	9.4
バングラデシュ	42.2	119.0	イタリア	10.1	10.4
メキシコ	29.0	43.0	フランス	13.9	8.3
ペルー	36.0	90.8	ベルギー	11.6	9.4
エチオピア	48.6	137.0	ソビエト	19.4	26.0
ナイジェリア	48.5	105.0	オーストラリア	15.7	9.9
タンザニア	50.5	106.0	ニュージーランド	15.6	10.8

〔データ出所：国際連合『人口統計年鑑』1989〕

(*Answer*)

(1)

発展途上国

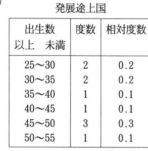

出生数 以上　未満	度数	相対度数
25〜30	2	0.2
30〜35	2	0.2
35〜40	1	0.1
40〜45	1	0.1
45〜50	3	0.3
50〜55	1	0.1

相対度数分布表

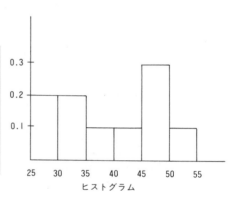

ヒストグラム

先進国

出生数 以上　未満	度数	相対度数
10〜11	1	0.1
11〜12	2	0.2
12〜13	0	0.0
13〜14	2	0.2
14〜15	1	0.1
15〜16	3	0.3
19〜20	1	0.1

相対度数分布表

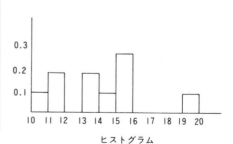

ヒストグラム

全体的に発展途上国の方が，先進国より出生率は高い。また散らばり具合を
みると，途上国はその範囲が 28.6 から 50.5 と，先進の 10.1 から 19.4 に比
べて広くなっている。散らばりが広いことについては，発展途上国の中には先
進国に近い国から非常に貧しい国まで含まれているためだと考えられる。

(2)

発展途上国

出生数 以上　未満	度数	相対度数
40～ 60	1	0.1
60～ 80	1	0.1
80～100	2	0.2
100～120	4	0.4
120～140	1	0.1
140～160	0	0.0
160～180	1	0.1

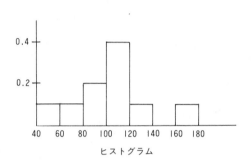

ヒストグラム

先進国

出生数 以上　未満	度数	相対度数
4～ 6	4	0.1
6～ 8	5	0.2
8～10	3	0.3
10～12	3	0.3
12～14	0	0.0
26～28	1	0.1

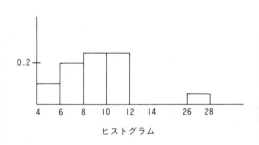

ヒストグラム

　先進国に比べて発展途上国の方が，明らかに 1 歳未満乳児死亡率が高い。ほ
ぼ 10 倍の高さである。先進工業国の方が，医療が発達しているためであろう。

(3)出生率が高い国では死亡率も高くなっている。(2)でも述べたように，これは
経済・社会の発展の度合いに影響を受けているためと考えられる。一人当たり
GNP が大きくなってくると（経済的に豊かになってくると）人々の生活様式
が変化し，晩婚化，子供の数の減少が社会現象となってきて出生率が低下する。
また豊かになれば医療も発達し死亡率も低下する。

第2章　標本分布の特性値

2.1　いろいろな形の分布

第1章では，統計データは「分布する」ことを学んだ。

分布にはいろいろな形がある。それを整理してみると，次のような類型に分けられる。

(1)　分布の位置の違い（データの大小）

（1-A）大きな値の分布

（分布の位置が右寄り）

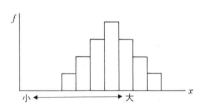

（1-B）小さな値の分布

（分布の位置が左寄り）

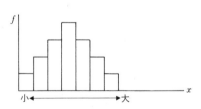

分布の位置は，2.2節で学ぶ**中心的傾向**の特性値でとらえる。

中心的傾向の特性値にはいろいろあるが，**平均，中央値，最頻値，**の3つについて学ぶ予定である。

(2) 分布の広がり（データの幅の大小）

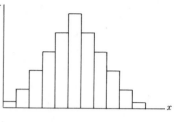

(2-A) 広がりの大きい分布

（分布の幅が広い）

(2-B) 広がりの小さい分布

（分布の幅が小さい）

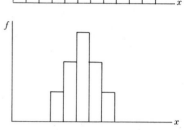

分布の広がり（分布の変動の程度）は2.3節で学ぶ**変動の特性値**でとらえる。

変動の特性値の指標はいろいろあるが，**分散，標準偏差，変動係数**の3つの指標を学ぶ予定である。

(3) 分布の歪み（偏りの程度）

(3-A) 対称な分布

（歪みのない分布）

（偏りのない分布）

（釣鐘型：ベルシェイプ）

(3-B) 右に歪んでいる分布

（プラス方向に非対称）

（正の非対称）

（逆Jシェイプ）

(3-C) 左に歪んでいる分布

（マイナス方向に非対称）

（負の非対称）

（Jシェイプ）

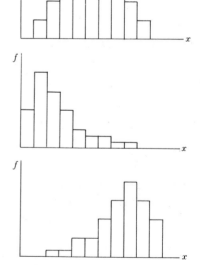

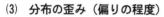

⑷　分布の頂上（ピーク）の形による違い

（4–A）頂上が平らな分布

　　　　（矩形分布）

　　　　（一様分布）

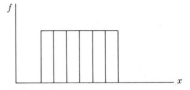

（4–B）単峰分布

　　　　（ユニ・モーダル分布）

　　　　（uni-modal distribution）

　　　　（頂上が1つの分布）

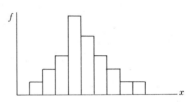

（4–C）双峰分布

　　　　（バイ・モーダル分布）

　　　　（bi-modal distribution）

　　　　（頂上が2つある分布）

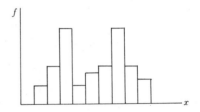

（4–D）多峰分布

　　　　（マルチ・モーダル分布）

　　　　（multi-modal distribution）

　　　　（頂上が3つ以上ある分布）

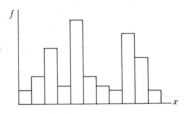

　上の名称のうち，単峰分布，双峰分布，多峰分布という日本語は最近はあま
り多くは使われない。むしろ，ユニ・モーダル分布，バイ・モーダル分布，マ
ルチ・モーダル分布を使うようにこころがけたほうがよい。

2.2　分布の特性値

　分布の特徴を示す統計的指標のことを**分布の特性値**という。

　分布の特性値には，さまざまのものがあるが，この入門の段階では，次のような特性値を覚えれば十分に実用的な知識となる。

(1)　中心的傾向（central tendency）の特性値

　　　　（別名）分布の位置の特性値

　　　　具体的には次の3つを学ぶ。

　　　　(1)—1　中央値（別名：中位数 median メディアン）

　　　　(1)—2　最頻値（別名：並数 mode モード）

　　　　(1)—3　平均　（別名：平均値 mean ミーン）

(2)　変動（variation）の特性値

　　　　（別名）　散らばりの特性値，分布幅の特性値

　　　　具体的には次の3つを学ぶ。

　　　　(2)—1　分散　　（variance　ヴァリアンス）

　　　　(2)—2　標準偏差（standard deviation　スタンダード・デヴィエーション）

　　　　(2)—3　変動係数（coefficient of variation　コエフィシエント・オブ・ヴァリエーション）

(1)　中心的傾向（分布の位置）の特性値

準備のための復習

　標本データ（観測値）が大小さまざまの値をとることを「**分布する**」と表現するのが統計学の特徴であることを，もう一度思い出そう。

　大小さまざまの値の一群のデータを「**1つの標本**」と呼ぶことをもう一度思い出そう。

　一群の観測データ（すなわち，1つの標本）を代表する指標のことを**分布の位置の特性値**，あるいは，**中心的傾向の特性値**という。

　「分布の位置の特性値」あるいは「中心的傾向の特性値」という用語は，わかりにくい。なぜこのような呼び方をするのかは，次の例を見るとわかるであろう。

　「1～5歳の女児の身長」と「16～20歳の女性の身長」の分布を同じグラフの上に描いた。

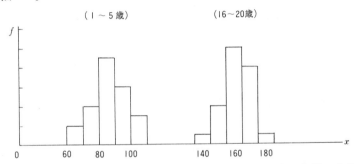

　1～5歳の女児の身長は低いから左の方にある。16～20歳の女性の身長は高いから右の方にある。つまり，分布のグラフ上の位置が違う。

　分布（一群のデータ）を代表する特性値を，**分布の位置の特性値**，というのはこのためである。

　1～5歳の女児の身長の分布を代表する値としては，左端の60cmや右端の110cmという値は不適当であろう。おそらく，真ん中あたりの数値が分布を代表する値として適当であることは誰でも想像がつく。

　分布を代表する特性値を**中心的傾向**ともいうのはこのためである。

　分布の位置の特性値あるいは**中心的傾向**というのは一般的名称である。

　具体的には，以下に説明する**平均，中央値，最頻値**の3つをしっかりと理解すればよい。

　(1)—1. 平均，(1)—2. 中央値，(1)—3. 最頻値の中で最も重要なのは(1)—1. 平均である。学習の効果をあげるために，初めは(1)—2.，(1)—3. をとばして，(1)—1. だけをしっかり理解するのも1つの方法である。

(1)―1. 平均

名称：平均

標本の平均ということをはっきりさせるために**標本平均**と呼ぶこともある。また，**平均値**とも呼ばれる。

average（アヴァレイジ），mean（ミーン）または sample mean ともいう。

記号：$\overline{X}$（エックス・バーと読む）

平均の意味：分布の重心を表わす。
（わかりやすく言うと，分布のグラフをボール紙で作ったものを平均の所で支えると，右にも左にも傾かないところが，平均である。）

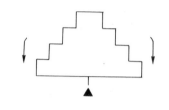

平均は，最も重要な中心的傾向の特性値である。これから後の章で学ぶさまざまの統計的方法の基本となる。

平均の計算手順は，観測データ（生のデータ）の場合と，度数分布データ（級別データ）の場合と，両方について計算方法をしっかりと身に付けておく必要がある。

次のページに進む前に，大切な警告をしておきたい。

警告：公式を暗記するな／

これから，いろいろな公式が登場する。

公式は，暗記するためにあるのではない。

公式は，われわれに計算の手順を示すマニュアル（手順書）である。

以後，公式と呼ばずに「計算式」と呼ぼう。

この本では，「計算式」を実行するための「計算手順」を必ず示すから，その通り計算すればよい。

生のデータ〔raw data〕（観測データ表）の平均の計算

計算式：$\overline{X} = \dfrac{1}{n}\Sigma X_i$

計算手順：1.　観測データ表を用意する。

2.　観測値 X_i を上から下まで
　　合計して，合計欄に ΣX_i の
　　数値を記入する。

3.　ΣX_i の値を n で割る。

i	X_i
1	X_1
2	X_2
:	:
n	X_n
	ΣX_i

〔例1〕16～20歳の女性10人の身長の標本平均

i	X_i
1	156
2	161
3	158
4	152
5	163
6	150
7	162
8	173
9	154
10	148
	1577 ⇐

$$\overline{X} = \frac{1}{n}\Sigma X_i$$

$$= \frac{1}{10} \times 1577 = 157.7\text{cm}$$

1577 ⇐ データを縦に合計した結果を記入する。

サジェスチョン：関数電卓のすすめ

　上記の計算は，市販の安価（2000～5000円程度）で，手軽に使える関数電卓を使うと，もっとらくに，正確に，速くできる。

　どのメーカーのものでも，ほぼ同じで，数字キーを押してデータを入力し，「$\overline{X}$」というキーを押せば，たちどころに平均 $\overline{X}$ が計算される。是非おすすめしたい。

　次のページで学ぶ級別データの平均も，関数電卓でたちどころに計算できる。関数電卓が思いのままに使えるようになると，パソコンなどのもっと高度の計算用具も使いたくなるであろう。

級別データ [classified data]（度数分布表データ）の平均の計算

計算式： $\overline{X} = \dfrac{1}{\Sigma f_k} \cdot \Sigma X_k f_k$

手順1　度数分布表の右側にワークシート（作業用スペースを用意する）

階級	階級値	度数	ワークシート
k	X_k	f_k	$X_k f_k$
1	X_1	f_1	$X_1 f_1$
2	X_2	f_2	$X_2 f_2$
3	X_3	f_3	$X_3 f_3$
⋮	⋮	⋮	⋮
⋮	⋮	⋮	⋮
m	X_m	f_m	$X_m f_m$
合計		Σf_k	$\Sigma X_k f_k$

手順2　度数を f_1 から f_m まで加えて，度数の合計（Σf_k）を計算する。

手順3　$X_1 f_1,\ X_2 f_2,\ \cdots\cdots,\ X_m f_m$ を計算して，ワークシートに記入する。

手順4　$X_1 f_1$ から $X_m f_m$ までを合計して $\Sigma X_k f_k$ を計算する。

手順5　$\overline{X} = \dfrac{1}{\Sigma f_k} \cdot \Sigma X_k f_k$ を計算する。

〔例2〕16〜20歳の女性20人の身長の級別データの平均

k	X_k	f_k	$X_k f_k$
1	135	1	135
2	145	3	435
3	155	8	1240
4	165	5	825
5	175	2	350
6	185	1	185
合計		20	3170

$$\overline{X} = \frac{1}{\Sigma f_k} \cdot \Sigma X_k f_k = \frac{1}{20} \times 3170 = 158.5 \ (\text{cm})$$

確認のためのQ&A・2.1

(*Question*) 次の観測データの標本平均を計算せよ。

16～20 歳の男性 10 人の身長の観測データ

i	X_i
1	159
2	166
3	163
4	162
5	168
6	175
7	167
8	179
9	180
10	171

(*Answer*)

$\Sigma X_i = 1690$

$n = 10$

$\overline{X} = 169.0$ (cm)

確認のためのQ&A・2.2

(*Question*) 次の級別データの標本平均を計算せよ。

20 歳の男性 20 人の身長の観測データ

k	X_k	f_k
1	150	1
2	160	6
3	170	6
4	180	5
5	190	2
合計		

(*Answer*)

$\Sigma f_k = 20$

$\Sigma X_k f_k = 3410$

$\overline{X} = 170.5$ (cm)

(1)—2. **中央値**

別名：**中位数**とも呼ばれる。median（メディアン）

略号：Me　あるいは $\tilde{X}$（エックス・ウィグルあるいはエックス・ティルダーと読む）

中央値の意味：分布をちょうど2等分する値である（言い換えると，分布のちょうど中央の値である）。その意味で，分布を代表する中心的傾向の特性として使うことができる。

中央値を見つける方法

a)　観測データ表（生のデータ）の中央値を求める方法

難しい計算はいらない。観測データから次の手順で読み取ればよい。

〈a—1　標本サイズが奇数の場合〉

　　手順1　観測データを大きさの順に並べる。

　　手順2　標本データをちょうど半分ずつに分ける観測値を見つける。それが Me である。

〔例3〕11匹のりすの体重の観測データの中央値を探す簡便法

　　（観測データ）⇨（大きさの順に並べ直す）

i	X_i		i	X_i	
1	200		1	165	⎫
2	265		2	171	⎬ 5匹
3	181		3	181	
4	249		4	198	
5	165		5	200	⎭
6	226		6	216 ⇦⇦⇦⇦	全体を半分ずつに分けるデータ。これが Me。
7	198		7	226	⎫
8	250		8	235	⎬
9	235		9	249	5匹
10	171		10	250	
11	216		11	265	⎭

Me＝216g（この11匹のりすの体重の標本の中央値は216g である）

〈a—2　標本サイズが偶数の場合〉

　　手順 1　観測データを大きい順に並べる。

　　手順 2　標本データをちょうど半分ずつに分ける境界（2 つの観測値の
　　　　　　間）を見つける。

　　手順 3　境界の中間点を下記の実例の方法で計算する。それが Me であ
　　　　　　る。

〔例 4〕10 匹のりすの体重の観測データの中央値を探す簡便法

　　　　Me は，第 5 データと第 6 データの間にあることが下の右の表から
　　　　わかる。

　　　　すなわち，200 と 226 の間に中央値 Me がある。Me は 200 と 226 の
　　　　中点を計算すればよい。

$$Me = \frac{200 + 226}{2} = 213$$

Me＝213g（10 匹のりすの体重の標本の中央値（中位数）は 213g である）

　　（観測データ）⇒（大きさの順に並べ直す）

i	X_i		i	X_i	
1	200		1	165	
2	265		2	171	
3	181		3	181	5 匹
4	249		4	198	
5	165		5	200	
6	226		6	226	⇐⇐
7	198		7	235	
8	250		8	249	5 匹
9	235		9	250	
10	171		10	265	

全体を半分に分ける境
界。ここにはデータが
ないので200と226の中
点を計算する。

　　以上の方法は，中央値を求める簡便法である。正確に計算するための推
計式は，上級段階で学べばよい。一般には上記の簡便法を使うのが普通で
ある。

b)　度数分布表（級別データ）の中央値を求める方法

観測データ表（生のデータ）の場合より少し複雑であるが，それほど難しくはない。標本サイズが偶数か奇数かは気にしなくてよい。

以下に実例を示しながら，手順を述べる。実習しながら理解するとよい。

〔例5〕二十日ねずみ126匹の体重の度数分布

階級 k	階級幅 以上　未満	階級値 X_k	度数 f_k	累積度数 Σf_k
1	$45-50$	47.5	3	3
2	$50-55$	52.5	4	7
3	$55-60$	57.5	6	13
4	$60-65$	62.5	3	16
5	$65-70$	67.5	7	23
6	$70-75$	72.5	14	37
7	$75-80$	77.5	24	61
8	$80-85$	82.5	30	91
9	$85-90$	87.5	27	118
10	$90-95$	92.5	7	125
11	$95-100$	97.5	1	126
			126	

手順1　累積度数を計算する。

（表の Σf_k である。度数 f_k を順番に加えると次の Σf_k が計算できる。）

手順2　標本サイズの2分の1を計算する。$\dfrac{126}{2}=63$

中央値は，全データを63ずつに2等分する値であることがわかる。

手順3　累積度数63を含む階級を探す。すなわち，中央値が入っている階級をつきとめる。

（第7階級の累積度数は61だから，その次の第8階級の中に63番目があるはずだと見当をつける。）

手順4　f_k の欄で第8階級の度数の欄を調べて，第8階級の中にはデータは30個あることを確認する。

手順5　次の式を使って中央値を計算する。

$$Me = 80 + 5 \times \frac{63-61}{30} = 80.33$$

一般には次の式を使えばよい。（式を暗記する必要はない。必要があれば見ればよい。）

Me＝（Me を含む階級の下限値）＋

階級の幅×

$$\frac{（標本サイズ×½）-（Meを含む階級の1つ前の階級までの累積度数）}{（Meを含む階級の度数）}$$

確認のためのQ&A・2.3

（*Question*）次の標本の中央値はいくらか？

(1)　7人の月間所得

i	X_i
1	32
2	19
3	24
4	20
5	35
6	28
7	40

(2)　100人の月間所得

階級 k	階級幅 以上　未満	階級値 X_k	度数 f_k
1	15–20	17.5	30
2	20–25	22.5	35
3	25–30	27.5	20
4	30–35	32.5	10
5	35–40	37.5	5
			100

（*Answer*）

(1)　28 万円

(2)　$20+5×\dfrac{100×½-30}{35}=22.86$ 万円

サジェスチョン：関数電卓やパソコンのすすめ

上の Q & A を実際にやってみるとわかるように，中央値をみつける作業の中でいちばんたいへんなのは，データを大きさの順に並べなおすことである。これは，パソコンやコンピューターの「ソート」という機能を使うとあっというまにできる。

最近では，安価な関数電卓でもソートをして中央値を計算する機能がついているものがある。

(1)—3. **最頻値**

別名： **並数**とも呼ばれる。Mode（モード）。

略号： Mo あるいは $\hat{X}$（エックス・ルーフあるいはエックス・ハット）

観測データ表（生のデータ）からは求められない。

度数分布表（級別データ）から求める。

〈最頻値の求め方〉

　度数分布表を見て，最も度数が大きい階級の階級値が最頻値である。

〔例6〕前掲の二十日ねずみ126匹の体重の度数分布表を参照せよ。

　　　　度数が最も多いのは第8階級であるから，最頻値は第8階級の階級
　　　　値の 82.5g である。

　　　　　　Mo＝82.5g

　要するに，最頻値は度数分布の山の頂上（最も度数が高い所）に相当する
データの値なのである。

〈中央値と最頻値の長所〉

　(1)　比較的容易に求められる。（標本の大きさが小さい場合）

　(2)　極端に大きいデータや極端に小さいデータがあっても影響を受けない。

〈中央値と最頻値の短所〉

　(1)　標本の大きさが小さい場合，標本をいくつも抽出して中央値や最頻値を
　　　求めると，大小さまざまの中央値や最頻値が観測されて，安定しない。

　(2)　最頻値は，階級の取り方によって変わりやすい。

　(3)　標本の大きさが大きい場合，中央値や最頻値は計算が容易でなくなる。

　(4)　そのため，母集団に関する推論の手掛かりとして平均値がよく用いられ
　　　る。

(2) 分布の変動（広がり）の特性値

> **復習** 分布の変動とは，データが大小さまざまの値をとることをさしている。
>
> このことを思い出すために， 2.1 節の(2)をもう一度見直してほしい。

分布の変動の程度を表わす特性値にはいろいろなものがあるが，入門の段階では，①分散，②標準偏差，③変動係数の３つを重視する。その他に④四分位数，⑤レンジ等があるが，ここでは省略する。

分散と標準偏差と変動係数の計算は，分散の計算さえできれば，連続して一気にできるので，まとめて身につけることにする。

分散の計算には，前節で学んだ平均の計算もいっしょに必要になるので，改めて平均もいっしょに計算することを練習する。

以下では，前節と同じように，**生のデータ**（raw data）から計算する場合と，**級別データ**（classified data）から計算する場合に分けて説明する。

分散（variance）

標本の分散であることをはっきりさせるために，**標本分散**ということもある。

記号：s^2（小文字の s に２乗をつける）

標準偏差（standard deviation, SD と略記することもある）

標本の，ということをはっきりさせるために，**標本標準偏差**ともいう。

記号：s（分散 s^2 の２乗記号をとったもの）

標準偏差（s）は，分散（s^2）の平方根である。

$$s = \sqrt{s^2}$$

変動係数（coefficient of variation）

記号：C（大文字の C を使う）

変動係数は標準偏差を平均で割ったものである。

$$C = \frac{s}{\overline{X}}$$

生のデータ（raw data）の平均・分散・標準偏差・変動係数の計算手順

以下では，とにかく理屈ぬきで計算ができるようになろう。

計算ができるようになれば，理論の説明はわかりやすくなる。

手順1　観測データのワークシートを用意する。

（実例：16〜20歳の女性の身長）

i	X_i	X_i^2
1	148	
2	161	
3	158	
4	147	
5	163	
6	155	
7	156	
8	173	
9	154	
10	155	
	ΣX_i	ΣX_i^2

手順2　ワークシートの ΣX_i，ΣX_i^2 を計算する。

（実際には，上の表を一気に計算すればよい。ここでは読者にわかりやすいように，繰り返し掲載しているだけである。）

i	X_i	X_i^2
1	148	21904
2	161	25921
3	158	24964
4	147	21609
5	163	26569
6	155	24025
7	156	24336
8	173	29929
9	154	23716
10	155	24025
	1570	246998

手順3　平均 $\overline{\mathrm{X}}$ を計算する。

$$\overline{\mathrm{X}}=\frac{1}{n}\Sigma\mathrm{X}_i \qquad \overline{\mathrm{X}}=\frac{1}{10}\times 1570=157.0$$

手順4　分散 s^2 を計算する。

$$s^2=\frac{1}{n-1}\left(\Sigma\mathrm{X}_i{}^2-\overline{\mathrm{X}}\cdot\Sigma\mathrm{X}_i\right)$$

$$s^2=\frac{1}{10-1}\left(246998-157.0\times 1570\right)=56.4444$$

手順5　標準偏差 s を計算する。

$$s=\sqrt{s^2} \qquad s=\sqrt{56.4444}=7.5129$$

手順6　変動係数 C を計算する。

$$\mathrm{C}=\frac{s}{\overline{\mathrm{X}}} \qquad \mathrm{C}=\frac{7.5129}{157.0}=0.04785$$

「一体何を計算したのか。」「計算した $\overline{\mathrm{X}}$, s^2, s, C にどんな意味があるのか。」疑問を持つのはよいことである。

それについては，後で答えることにして，今は，何はともあれ上記の手順1〜6を計算する能力（統計学の腕力）を磨こう。

確認のためのQ&A・2.4

（*Question*）次のデータの平均，分散，標準偏差，変動係数を計算せよ。

6人のサラリーマンの月間収入

i	X_i
1	25 万円
2	18
3	30
4	19
5	28
6	40

（*Answer*）
$\overline{\mathrm{X}}=26.67$
$s^2=65.47$
$s=8.09$
$\mathrm{C}=0.303$

分散と標準偏差の理論的な意味

手順4で，分散は次のように計算することを覚えた。

$$s^2 = \frac{1}{n-1}\ (\Sigma X_i^2 - \overline{X}\cdot\Sigma X_i)$$

この式は，諸君が一番らくに計算ができるように変形したものであって，分散はもともと次のようにして計算するものである。

$$s^2 = \frac{1}{n-1}\ \Sigma(X_i - \overline{X})^2$$

この元の式を下のように次々と変形していくと，先ほど覚えた手順4の計算式になる。変形の途中の計算を理解するために，右側の説明をみなさい。

$$s^2 = \frac{1}{n-1}\ \Sigma(X_i - \overline{X})^2$$

$(X_i - \overline{X})^2$ を展開すると $(X_i^2 - 2X_i\overline{X} + \overline{X}^2)$

$$= \frac{1}{n-1}\ \Sigma(X_i^2 - 2X_i\overline{X} + \overline{X}^2)$$

Σ のルールを使って，各項に Σ をつける

$$= \frac{1}{n-1}\ [\Sigma X_i^2 - \Sigma 2X_i\overline{X} + \Sigma(\overline{X})^2]$$

定数を Σ の左側に出す

$$= \frac{1}{n-1}\ [\Sigma X_i^2 - 2\overline{X}\Sigma X_i + \Sigma(\overline{X})^2]$$

第2項の ΣX_i を $n\overline{X}$ と書き換える

$$= \frac{1}{n-1}\ [\Sigma X_i^2 - 2\overline{X}\cdot n\overline{X} + n(\overline{X})^2]$$

第2項を整理する

$$= \frac{1}{n-1}\ [\Sigma X_i^2 - 2n(\overline{X})^2 + n(\overline{X})^2]$$

第2項と第3項を整理する

$$= \frac{1}{n-1}\ [\Sigma X_i^2 - n(\overline{X})^2]$$

$$n\ (\overline{\mathrm{X}})^2 = n\overline{\mathrm{X}} \cdot \overline{\mathrm{X}} = \Sigma \mathrm{X}_i \cdot \overline{\mathrm{X}} = \overline{\mathrm{X}} \cdot \Sigma \mathrm{X}_i \text{ だから}$$

$$= \frac{1}{n-1}\ [\Sigma \mathrm{X}_i^2 - \overline{\mathrm{X}} \cdot \Sigma \mathrm{X}_i] \qquad \text{これで手順4の式になった}$$

分散の理論式 $s^2 = \dfrac{1}{n-1} \Sigma\ (\mathrm{X}_i - \overline{\mathrm{X}})^2$ が変動（ちらばり）の尺度になるのはなぜか。

次のように理解すればよい。

(1)　観測データ（X_1, X_2, X_3,……X_n）は変動している。

つまり，さまざまの値をとっている。

(2)　この「さまざまの値」を「平均から見てさまざまの値」と表現し直す。

それには，1つ1つのデータを平均からの乖離で表わせばよい。

平均からの乖離＝$\mathrm{X}_i - \overline{\mathrm{X}}$

平均からの乖離のことを，統計学の用語では「**偏差**」（deviation）という。

偏差は小文字の x_i で表わす。

$$x_i = \mathrm{X}_i - \overline{\mathrm{X}}$$

偏差にすると，元のデータと違って，平均より大きい観測値はプラス，平均より小さい観測値はマイナスとなるから散らばり方をとらえやすい。

ここで初めて小文字の x_i が出てきたので，改めて確認しておこう。

第1章，第2章を学ぶ間は，観測データは大文字，偏差は小文字である。

(3)　分布全体としての散らばり（変動）の指標にするために，偏差の2乗を合計したものを $n-1$ で割ったものが分散である。

$$s^2 = \frac{1}{n-1} \Sigma\ (\mathrm{X}_i - \overline{\mathrm{X}})^2$$

(4)　これは偏差の2乗，すなわち $(\mathrm{X}_i - \overline{\mathrm{X}})^2$ を $n-1$ で平均したものである。$n-1$ は自由度（degree of freedom : d. f.）と呼ばれる。

自由度 $n-1$ で割る理由

なぜ，標本サイズ n で平均せずに，$n-1$ で平均するのか。その詳しい理由は複雑な証明が必要なので，入門統計学の段階では省略するが，次の点のみを

知っておくことにしよう。

$$s^2 = \frac{1}{n-1} \Sigma \ (X_i - \overline{X})^2$$

上記の方法で計算した標本分散は，母集団の分散（母分散）の望ましい推定値（不偏推定値）である。（不偏推定値とは何かに関する説明は，より進んだ段階で学ぶことにする。）

標準偏差の計算に際しては，分母を自由度（$n-1$）ではなく，標本サイズ（n）にして，

$$s^2 = \frac{1}{n} \Sigma \ (X_i - \overline{X})^2$$

の方法で計算することもあるが，この方法を使った場合には，母分散の不偏推定値になるという保証がない。

標準偏差の意味

分散 s^2 の平方根として得られる標準偏差 s は平均からの偏差の大小を表わす。しかも，標準偏差は観測データと同じ単位であるから，意味がわかりやすい。

たとえば，例題の手順5で計算した $s=7.513$cm は次のような意味を持っている。

「標本データの変動を平均からの偏差にしてみると，大小さまざまであるが偏差は標準的に 7.513cm である。」

確認のためのQ&A・2.5

100 軒のパン小売業の月間売上高を調べたところ，平均は 520 万円，標準偏差は 48 万円であった。

（*Question*）売上高は，平均値から，標準的にどのぐらいバラついているか。

（*Answer*）標準的には，平均値プラス，マイナス 48 万円のバラつきがある。

変動係数の意味

　1 つの変数（例えば 16〜20 歳の女性の身長）を分析するだけならば，データの変動（散らばり）の程度は，上で学んだ標準偏差で表わせば十分である。

　しかし，2 つ以上の異なる変数（例えば 1〜5 歳の女児の身長と 16〜20 歳の女性の身長）の変動の大小を比較しようとすると，直接には比較できない。なぜなら，大人の身長の変動の幅の方が，子どもの身長の変動の幅より大きいのは当然だからである。

（実例）　　　16〜20 歳の女性の身長　　　1〜5 歳の女児の身長

　　　　　標本平均 $\overline{X}=158.1\text{cm}$　　　標本平均 $\overline{X}=105.0\text{cm}$

　　　　　標準偏差 $s=13.3\text{cm}$　　　　標準偏差 $s=10.2\text{cm}$

　ところが，手順 6 で学んだ変動係数を計算してみると，下記のように同じくらいの大きさになる。

　　　　16〜20 歳の女性の身長　　　　　　1〜5 歳の女児の身長

　　変動係数 $C=\dfrac{13.3}{158.1}=0.084$　　　変動係数 $C=\dfrac{10.2}{105}=0.097$

　変動係数は，標準偏差が平均の何倍であるかを表わす。

　上の例では，「16〜20 歳の女性の身長の標準偏差は平均身長の 0.084 倍」であるのに対して，「1〜5 歳の女児の身長の標準偏差は平均身長の 0.097 倍」であることを示しており，16〜20 歳の女性の方が 1〜5 歳の女児より身長の変動は相対的に小さいことを示している。変動係数はこのような異なる標本の変動を比較をするのに有効に使える。

余　談

　もっとわかりやすい話をしよう。象の体重の平均は 10 トン（グラムに直せば 10,000,000 グラム）標準偏差は 0.5 トン（500,000 グラム）としよう。鈴虫の体重の平均は 0.1 グラム，標準偏差は 0.005 グラムとしよう。

　体重の平均を比べれば，象は 10,000,000 グラム，鈴虫は 0.1 グラムで，象の方がはるかに重い。

　それでは，標準偏差を比べて，象は 500,000 グラム，鈴虫は 0.005 グラムであることから「象の方が体重のバラツキが大きい」といえるのだろうか。そう

ではない。変動係数を計算してみると，象も鈴虫も 0.05（5%）で「どちらも平均体重の 5% のバラツキがある」といえる。

(3) 級別データ（classified data）の平均・分散・標準偏差・変動係数の計算手順

生のデータについて覚えたのと同じ方法で，級別データの平均・分散・標準偏差・変動係数の計算手順を覚えよう。

手順1　度数分布表と計算のためのワークシートを準備する。

（生のデータの場合と少し形が違うので注意せよ。）

（実例：20歳の女性の身長）

観測番号 k	観測値 X_k	度数 f_k	$X_k f_k$	$X_k^2 f_k$
1	135	0		
2	145	3		
3	155	9		
4	165	7		
5	175	1		
		Σf_k	$\Sigma X_k f_k$	$\Sigma X_k^2 f_k$

手順2　ワークシートの Σf_k，$\Sigma X_k f_k$，$\Sigma X_k^2 f_k$ を計算する。

k	X_k	f_k	$X_k f_k$	$X_k^2 f_k$
1	135	0	0	0
2	145	3	435	63075
3	155	9	1395	216225
4	165	7	1155	190575
5	175	1	175	30625
		20	3160	500500

（実際には，改めてもう一度表を書く必要はない。このワークシートを一度書けばよい。ここでは読者にわかりやすいように繰り返し掲載した。）

手順 3　平均 $\overline{\mathrm{X}}$ を計算する。

$$\overline{\mathrm{X}}=\frac{1}{\Sigma f_k}\cdot\Sigma\mathrm{X}_k f_k=\frac{1}{20}\times 3160=158.0$$

手順 4　分散 s^2 を計算する。

$$s^2=\frac{1}{\Sigma f_k-1}\ (\Sigma\mathrm{X}_k^2 f_k-\overline{\mathrm{X}}\cdot\Sigma\mathrm{X}_k f_k)$$

$$=\frac{1}{20-1}\ (500500-158.0\times 3160)$$

$$=\frac{1}{19}\times 1220=64.2105$$

手順 5　標準偏差 s を計算する。

$$s=\sqrt{s^2}\qquad\qquad s=\sqrt{64.2105}=8.0131$$

手順 6　変動係数 C を計算する。

$$\mathrm{C}=\frac{s}{\overline{\mathrm{X}}}\qquad\mathrm{C}=\frac{8.0131}{158.0}=0.05072$$

計算された $\overline{\mathrm{X}}$, s^2, s, C の意味は，生のデータ（raw data）の場合と全く同じであるから，重ねての説明はしない。

確認のためのQ&A・2.6

（*Question*）次のデータの平均，分散，標準偏差，変動係数を計算せよ。

20 人のサラリーマンの月間収入

	X_k	f_k
1	15 万円	3
2	20	8
3	25	4
4	30	2
5	35	2
6	40	1

（*Answer*）
$\overline{\mathrm{X}}=23.75$
$s^2=49.67$
$s\ =\ 7.048$
$\mathrm{C}=\ 0.297$

第2章の結語

これで諸君は，観測データ（生のデータ），度数分布表データ（級別データ）のどちらについても，

　平均（$\overline{X}$），分散（s^2），標準偏差（s），変動係数（C）

の4つの分布特性値を一気に計算できるようになった。また必要があれば，中央値や最頻値も見つけられるようになった。

　諸君はプロの分析家への第一歩を踏み出したのだ。

Congratulations！

第2章の練習問題

1. 次のデータは，わが国の製造業の従業員の1カ月の可処分所得の調査結果である。

　　　表(A)は20〜29歳の男子，表(B)は30〜39歳の男子の標本データである。（可処分所得とは，所得額から，税金，健康保険や厚生年金等の掛け金を引いた手取り額のことである。）

表(A)　20〜29歳の男子の月間可処分所得

（単位：万円／月）

個人番号	月間所得	個人番号	月間所得
01	19	11	22
02	25	12	21
03	16	13	23
04	22	14	16
05	26	15	21
06	17	16	23
07	28	17	22
08	20	18	20
09	30	19	24
10	24	20	27

表(B)　30〜39歳の男子の月間可処分所得

（単位：万円／月）

個人番号	月間所得	個人番号	月間所得
01	34	11	30
02	32	12	36
03	26	13	31
04	32	14	30
05	28	15	41
06	31	16	31
07	29	17	29
08	39	18	33
09	27	19	28
10	32	20	32

(*Question 1*)　2 つの標本を，階級幅 3 万円ずつの階級に分けて，度数分布表を作れ。また，それをヒストグラムの形で図示してみよ。

(*Answer 1*)

k		X_k	f_k
1	16〜18	17	3
2	19〜21	20	5
3	22〜24	23	7
4	25〜27	26	3
5	28〜30	29	2

k		X_k	f_k
1	25〜27	26	2
2	28〜30	29	6
3	31〜33	32	8
4	34〜36	35	2
5	37〜39	38	1
6	40〜42	41	1

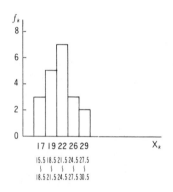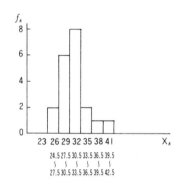

(*Question 2*)　上の 2 つの分布は，どちらに歪んだ分布か。また，一般にはこの形状を何というか。

(*Answer 2*)　どちらも右に歪んでいる。これを**逆 J 型分布**という。

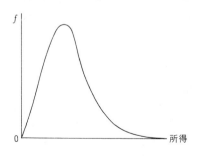

（所得分布は一般に上図のように逆Ｊ型分布をする。この形状は**ジブラ分布**ともいう。所得分布のこのような形は，低額所得者は多く，高額所得者は少ないという事実を反映している。）

(*Question 3*)　20代と30代のそれぞれの代表的所得（中心的傾向）はどの位違うか。比較してみよう。並数ではどうか。また，中央値ではどうか。

(*Answer 3*)

　　（並数の比較）　　20代　　　Mo＝23

　　　　　　　　　　　30代　　　Mo＝32

　　（中央値の比較）

$$20代　Me＝21.5＋3\times\frac{20\times\frac{1}{2}-8}{7}＝22.3571≒22.36$$

$$30代　Me＝30.5＋3\times\frac{20\times\frac{1}{2}-8}{8}＝31.25$$

（なぜ，Me が入っている階級の下限値が 21.5 や 30.5 なのかはヒストグラムを見ればわかる。）

20代の月間所得と30代の月間所得の間には，

並数では　　　　32－23＝9　万円　の差がある

中央値では　　　31.25－22.36＝8.89 万円　の差がある。

これはわが国の賃金支払い額が年功序列制になっていることによるものであろう。「年功序列型賃金」は，日本経済の強さの根源だという説と，反対に日本経済の非効率の原因になっているという説がある。どちらが正しいかは，統計学ではなく経済学で学ぶことである。しかし，そのもとになる「賃金格差」という事実は，このように統計的手法によって確かめられるのである。

(*Question 4*)　20代と30代の所得分布の特性の違いを，平均，標準偏差，変動係数を用いて比較せよ。（ここでは観測データをもとに計算せよ。）

(*Answer 4*)　20代　$\overline{X}$＝ 22.30　　　　30代　$\overline{X}$＝31.55

　　　　　　　　　s ＝　3.799　　　　　　　　s ＝　3.762

　　　　　　　　　C ＝　0.170　　　　　　　　C ＝　0.119

（比較）　(1)　分布の代表値は，平均で見ると

$31.55 - 22.30 = 9.25$

の違いがある。

明らかに 20 代と 30 代の所得水準には格差がある。

(2)　分布の広がりは，標準偏差で見るかぎりでは，大きな差はない
ように見える。しかし変動係数で見ると，20 代の方が所得の
散らばりは大きい。(相対的高額所得者もいれば，低額所得者
もいる。) 30 代になると，所得の変動幅は縮小している。

(*Question 5*)　20 代と 30 代の月間可処分所得のデータを合わせて，40 個の標
本について分布を描いたらどのような形になるだろうか。想像してみよ。
次に，実際に分布図を書き，どうしてそのような形になるのかを考えよ。

(*Answer 5*)

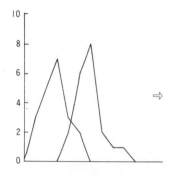
⇒
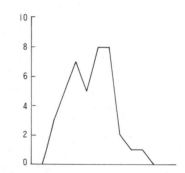

2 つの分布が重なり合ったことによって，重なり合った部分
(裾野) が高くなり「双峰分布」となる。

2.　下の図はアメリカの所得分布を示している。

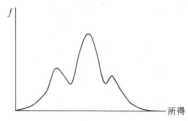

(*Question*)　この所得分布は何分布というか。

また，どうしてこのような形になるのか考えよ。

(*Answer*)　多峰分布。アメリカでは，低所得者層と高所得者層がはっきり
と分化しているためではないだろうか。

3．表(C)は，アジア諸国の，1990年における男女別非識字率のデータであ
る。

表(C)　アジア諸国の男女別非識字率（単位：％）

国　　　名	男	女	国　　　名	男	女
日　本	0.1	0.1	タ　イ	3.9	10.1
イラク	30.2	50.7	中　国	15.9	38.2
イラン	35.5	56.7	トルコ	10.3	28.9
インド	38.2	66.3	ネパール	62.4	86.8
インドネシア	15.9	32.0	バングラデシュ	52.9	78.0
韓　国	0.9	6.5	パキスタン	52.7	78.9
クウェート	22.9	33.3	フィリピン	10.0	10.5
サウジアラビア	26.9	51.9	ベトナム	8.0	16.6
シンガポール	6.6	21.4	マレーシア	13.5	29.6
スリランカ	6.6	16.5	ミャンマー	10.9	27.7

注：非識字率は，15歳以上の成人の中で日常生活に関する短く簡単な文章内容を理解して読み書きす
　　ることのできない人の割合
出所：UNESCO『統計年鑑1991』

(*Question 1*)　データをもとに，男女別の度数分布表と，ヒストグラムを作成
し，次に，男女別の非識字率の平均値，分散，標準偏差を求めよ。
　　上記の結果から，アジア地域における非識字率の，男女間の差異について
事実を統計学的に記述し，分析せよ。

(*Question 2*)　表(C)に掲げた20カ国を，いくつかのグループに分けて（例
えば，社会主義国と資本主義国，先進国と中進国と発展途上国等）平均値，
標準偏差を計算し，アジア地域における非識字率の差異について分析せよ。

(注意)　現実の世界では，「唯一の正解」が存在するとは限らないことが多い。
　　　　　自分で自由に分析する「仕掛け人」になることが何よりも重要である。
　　　　　「暗記人」になるな！　「仕掛け人」になれ！

第3章　確率と確率分布

3.1　このテーマの重要性

(1)　頭の切り替え

第1章と第2章では，標本抽出と標本分布の特性値について学んだが，次は新しいテーマについて学習する。**頭を切り替えよう。**

第3章以後では，**母集団**の分布の性質や，それを用いた**推計**や**検定**という新しいテーマについて学ぶことになる。その基本になるのが，**確率**と**確率分布**という分析概念である。（「分析概念」については下の注1を見よ。）

そこで，確率と確率分布についての入門の勉強をすることにしよう。ここでは統計学入門にとって必要最小限のことを学習する。

(注1)　「分析概念」とは，分析のための考え方のことである。分析のためによく使われている専門用語もその一種であるし，分析のための**ワンセットの説明や考え方や思考形式**もその一種である。「ある事象が起こる確かさの程度」といちいち言う代わりに，「確率」という分析概念を使うことによって，より本質的な内容が伝えられるのである。

(2)　統計学は確率をもとにして考える分析方法である

このことについては，第1章ですでに学んだが，もう一度，再確認しよう。

復習　統計学の基本的な考え方

- (a)　統計的事象は確率分布をする。（注2）
- (b)　統計的分析は，母集団を観測し，分析する代わりに，標本の観測結果をもとに，母集団の特性を推測する。

(注2)　第1章では「統計的現象」と呼んでいたが，これからは統計学の専門用語の**統計的事象**（あるいは簡単に**事象**）を使うことにする。

3.2 確　率

(1)　確率とは何か

「確率とは何か」についても，第1章で学んだ。復習しよう。

復習

　確率とは，ある事象が起こる確かさの程度（割合）である。

確認のためのQ&A・3.1

　いろいろな確率の実例を想像してみよう。

(1)　サイコロを1回投げた時「1」の目が出る確率

(2)　サイコロを投げたら偶数が出る確率

(3)　100円硬貨を1回投げた時，「表」が出る確率

(4)　自分の前を走っている車が事故を起こす確率

(5)　明日の午後，雨が降る確率

　すぐに正解を求めず，上の確率がいくらぐらいか想像してみよ。

(1)　サイコロには6つの目があるから，(1)の確率は（$\frac{1}{6}$）ではないだろうか。

(2)　同じようにして想像してみよ。実はこの確率は（$\frac{1}{2}$）なのだが，その理由を説明せよ。

(3)　(2)と同じ方法で想像してみよ。

(4)　これは難しい。多分相当に小さな確率なのだろう。そうでなければ安心して運転することはできない。

(5)　これはテレビの気象情報が教えてくれる。それでは気象情報の降水確率はどのようにして予測するのであろうか。想像してみよ。

⑵　確率を表わす記号

これも，第1章で学習済みである。復習しよう。

復習

　ある事象（event）が起こる確率は，**P**（　）=**0.**□□□□という式で表わす。

　P（　）の（　）中には文章や式や記号を記入することができる。

　0.□□□□の□の中には小数が入る。（第1章参照）

事例1：ある事象をEという記号で表わすことにして，「事象Eが起こる確率が0.05である」ということは次のように表記する。

$$P（E）=0.05$$

事例2：「20歳の人の死亡確率は，0.0001である」ことと，「80歳の人の死亡確率が0.001である」ことは，それぞれ次のように表記する。

　$P（D_{20}）=0.0001$　　D_{20}は20歳の人が死亡するという事象を表わす記号

　$P（D_{80}）=0.001$　　D_{80}は80歳の人が死亡するという事象を表わす記号

⑶　よく使われる確率の例と表記方法

硬貨を投げて表や裏が出る確率

　硬貨を投げて表や裏が出る確率の問題は，確率の初歩の学習に最適な事例なので，統計学のテキストにはよく出てくる。

　硬貨を投げて表が出る確率は0.5である。（この理由はあとで説明する。）

　このことをいま復習した式で表わすと，P（表が出る）=0.5ということになる。

　しかし，いちいち（　）の中に「表が出る」という文字を書くのは大変である。そこで次のように書く習慣がある。

　　　　　　表が出る確率は0.5である……P（H）=0.5

　　　　　　裏が出る確率は0.5である……P（T）=0.5

　コインの表のことをheadという，その頭文字のHを用いるのである。コインの裏はtail，略号はTである。

サイコロの目が出る確率

サイコロを振って1から6までのいずれかの目が出る確率も，確率の基礎学習に最適な事例なのでよく使われる。

次のように書けばよい。

1 の目が出る確率 $\quad$ P$(1)=\dfrac{1}{6}$

2 の目が出る確率 $\quad$ P$(2)=\dfrac{1}{6}$

3 の目が出る確率 $\quad$ P$(3)=\dfrac{1}{6}$

$\vdots$ $\qquad\qquad\qquad\qquad$ $\vdots$

6 の目が出る確率 $\quad$ P$(6)=\dfrac{1}{6}$

（なぜ $\dfrac{1}{6}$ になるのかについては，後で説明する。）

一般に「ある事象」が起こる確率

「ある事象が起こる確率が 0.01 である」ということは次のように書く。

$\qquad$ P$(E)=0.01$

E は，英語の event「事象」の略号である。

もっと一般化して，「ある事象が起こる確率は p である」ということは，次のように表わす。

$\qquad$ P$(E)=p$

右辺の小文字の p は，具体的にいくらの値であるかわからないが，とにかく一定の確率値であることを表わす時によく用いられる。

(4) 確率の測り方

確率の測り方には，大別して次の2つがある。

$\qquad$ a. 古典的確率（理論的確率）

$\qquad$ b. 経験的確率（統計的確率）

a.　古典的確率

古典的確率（理論的確率）の計算のしかた

「理論的確率」とも呼ばれるように，頭で考えて確率の大きさを決める方法である。次のように理解するとよい。

$$\text{ある事象 E が起こる確率} = \frac{\text{ある事象 E が起こる度数}}{\text{考えられるすべての度数}}$$

記号で書くと，

$$\left.\begin{array}{l}\text{事象 E が起こる確率} = P\,(E) \\ \text{事象 E が起こる度数} = n\,(E) \\ \text{すべての度数} = N\end{array}\right\} \text{という記号を使って}$$

$$P\,(E) = \frac{n(E)}{N}$$

古典的確率を実際に計算してみよう

実習例 1　コインを 1 枚投げて表が出る確率

先ほど覚えた記号，H（head）を使って書けば，$P\,(H) = \dfrac{n(H)}{N}$

さて，すべての度数は，表（H）と裏（T）の 2 通りであるから，N ＝ 2
表（H）が出るのは，1 通りであるから $n\,(H) = 1$

したがって，表が出る確率 P（H）は次のように計算すればよい。

$$P\,(H) = \frac{n(H)}{N} = \frac{1}{2}$$

確認のためのQ&A・3.2

(*Question*)　　　　　　　　　　　　　　　　　　　　　(*Answer*)

(1)　コインを 1 枚投げて裏が出る確率を計算せよ。　　$P\,(T) = \dfrac{1}{2}$

(2)　サイコロを 1 回投げて偶数が出る確率を計算せよ。　$P\,(E) = \dfrac{1}{2}$

複雑な古典的確率の計算のための予習

　すべての度数 N や，事象 E が起こる度数 n(E) が，もう少し複雑な計算を必要とする場合についても古典的確率を計算できるようになろう。

　そのためには，次の 3 つの代数記号を使いこなせるようになると簡単である。

㈠　階乗（factorial，ファクトリアル，記号は！）

$$0！＝1$$
$$1！＝1$$
$$2！＝2×1$$
$$3！＝3×2×1$$
$$4！＝4×3×2×1$$
$$\vdots$$
$$\vdots$$
$$10！＝10×9×\cdots\cdots×2×1$$

というように，その数以下の自然数のすべてを掛けたもの（0！＝1 だけは例外）を階乗といい，！で表わす。

　階乗（！）は次のような「すべての度数」を計算する時に必要になる。

〔例〕　A，B，C，3 人の人がいる。3 人が 1 列に並ぶ並び方は何通りあるか。

　　　実際にやってみると，

　　　　ABC　ACB　BAC　BCA　CAB　CBA

の 6 通りである。

これを次のように頭の中で整理して考えると，らくである。

①先頭に来るのは，A，B，C の 3 人のいずれか。

②次に，2 番目には，先頭に立った 1 人を除いた 2 人のいずれか。

③次に，3 番目には，先頭に立った 1 人と 2 番目に立った 1 人を除いた 1 人だけが並ぶ。

　だから並び方は

$$3×2×1＝3！$$
$$3！＝6（通り）$$

確認のためのQ&A・3.3

(Question)	(Answer)
(1) 5 人の人が 1 列に並ぶ並び方は何通りか。	$5! = 120$
(2) 8 人の人が 1 列に並ぶ並び方は何通りか。	$8! = 40,320$
(3) 2 人の人が 1 列に並ぶ並び方は何通りか。	$2! = 2$
(4) 1 人の人が 1 列に並ぶ並び方は何通りか。	$1! = 1$
(5) 6 人の人が 1 列に並ぶ並び方は何通りか。	$6! = 720$

(ロ)　順列（Permutation：パーミュテーション，記号は$_nP_r$)

復習：A，B，C，D の 4 人の人が，4 人全員 1 列に並ぶ並び方は，$4!$ $=24$ であることは，この直前に学んだ。

A，B，C，D，4 人全部ではなく，そのうち，2 人が 1 列に並ぶ並び方は順列計算で求める。

実際に並べてみると，以下の 12 通りである。

AB	BA	CA	DA
AC	BC	CB	DB
AD	BD	CD	DC

これを計算する方法が$_4P_2$である。$_4P_2$は $4-P-2$ の順に発音する。

$$_4P_2 = \frac{4!}{(4-2)!} = 12$$

のように計算する。

〔上の式の意味〕全員が並ぶ時の並び方 $4!$ を計算しておいて，それを実際には並ばない人，$4-2$ 人の並び方 $(4-2)!$ で割ったものである。

10 人中 3 人が並ぶ並び方では，$10-3=7$ 人は並ばないのだから，

$$_{10}P_3 = \frac{10!}{(10-3)!} = \frac{10!}{7!} = \frac{10 \times 9 \times 8 \times 7 \times 6 \times 5 \times 4 \times 3 \times 2 \times 1}{7 \times 6 \times 5 \times 4 \times 3 \times 2 \times 1}$$

$10 \times 9 \times 8 = 720$ である。

　以上で理解した階乗（！）と順列（$_nP_r$）を使うと，次のような古典的確率が計算できる。

応用問題

（*Question*）　A，B，C，D，E，5人の人が1列に並ぼうとしている。

　　そのうちA，B，Cの3人が先頭の3番目までに並ぶ確率はいくらか。

（*Answer*）

$$\mathrm{P}(\mathrm{E}) = \frac{n(\mathrm{E})}{\mathrm{N}} = \frac{_3P_3 \times _2P_2}{5!} = \frac{6 \times 2}{120} = 0.1$$

　5人が1列に並ぶ並び方は5！。これがすべての度数 N。ABC の3人が選ばれて先頭に並ぶ度数は $_3P_3$，DE の2人の並び方は $_2P_2$ である。

応用問題

（*Question*）　A，B，C，D，E，5人の人がいる。そのうち3人だけが選ばれて1列に並ぶ。その中でA，B，Cの3人がA－B－Cの順に並ぶ確率はいくらか。

（*Answer*）

$$\mathrm{P}(\mathrm{E}) = \frac{n(\mathrm{E})}{\mathrm{N}} = \frac{1}{_5P_3} = \frac{1}{60} = 0.01667$$

　A－B－C の順に並ぶ並び方は1通りしかない。

(ハ) 組み合わせ（combination：コンビネーション，記号は$_nC_r$）

　　復習：ABCDE の 5 人が全員 1 列に並ぶ並び方は，5！＝120。

　　　　　また，ABCDE 5 人のうち 2 人が<u>1 列に並ぶ並び方（順列）</u>は，

$$_5P_2 = \frac{5！}{(5-2)！} = \frac{120}{6} = 20 \text{ であることを直前に学んだ。}$$

次に ABCDE 5 人のうち 2 人が順序はどうでもよいから<u>選ばれる選ばれ方</u>は，**5 人のうち 2 人が選ばれる組み合わせ**という。

組み合わせは，2 人が並ぶ並び方がどうであれ無視するのだから，5 人中 2 人の並び方$_5P_2$＝20 通りを 2 人の並び方 2！通りで割ればよい。

　　5 人中 2 人を選ぶ組み合わせ

　　$_5C_2 = （5 人中 2 人が並ぶ順列）／（選ばれる 2 人の順列）$

$$= \frac{5！}{(5-2)！} \div (2！) = \frac{5！}{(5-2)！2！}$$

確認のためのQ&A・3.5

(*Question*)	(*Answer*)
(1) 10 人のうち 1 人が並ぶ順列	$_{10}P_1 = 10$
10 人のうち 1 人が選ばれる組み合わせ	$_{10}C_1 = 10$
(2) 10 人のうち 2 人が並ぶ順列	$_{10}P_2 = 90$
10 人のうち 2 人が選ばれる組み合わせ	$_{10}C_2 = 45$
(3) 10 人のうち 3 人が並ぶ順列	$_{10}P_3 = 720$
10 人のうち 3 人が選ばれる組み合わせ	$_{10}C_3 = 120$
(4) 5 人のうち 4 人が並ぶ順列	$_5P_4 = 120$
5 人のうち 4 人が選ばれる組み合わせ	$_5C_4 = 5$
(5) 5 人のうち 5 人が並ぶ順列	$_5P_5 = 120$
5 人のうち 5 人が選ばれる組み合わせ	$_5C_5 = 1$
(6) 3 人のうち 2 人が並ぶ順列	$_3P_2 = 6$
3 人のうち 2 人が選ばれる組み合わせ	$_3C_2 = 3$

${}_nC_r$ は全部計算してみるとだんだん大きくなり，途中から再び小さくなる。

確認のためのQ&A・3.6
　（*Question*）　　　　　　　　　　　　　（*Answer*）

${}_6C_0$	1
${}_6C_1$	6
${}_6C_2$	15
${}_6C_3$	20
${}_6C_4$	15
${}_6C_5$	6
${}_6C_6$	1

重要ポイント

(1) n 人が並ぶ並び方

　　　　（$= n$ 人中 n 人の順列）　　　$= n!$

(2) n 人中 r 人の順列　　　　　　　$= {}_nP_r = \dfrac{n!}{(n-r)!}$

(3) n 人中 r 人を選ぶ組み合わせ　　$= {}_nC_r = \dfrac{n!}{(n-r)!\,r!}$

b.　経験的確率（統計的確率）

実例1　硬貨を投げる。

10回投げて，そのうち H（表）が全体のどのくらいの割合で出たかを調べる。

20回　　〃　　　　　　　　　　　　〃

　⋮

100回　〃　　　　　　　　　　　　　〃

　というように投げる回数（試行回数）を増やしていくと，H（表）が出る割合は，大小さまざまに振れるが，試行回数が増えるにつれて 0.5 に近づく。

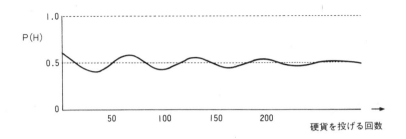

P(H)

硬貨を投げる回数

実例 2　生まれる子供が男である割合は，観測数を増やしていくと一定の割合に近づく。(国によって異なるが，日本では 0.52 ぐらいといわれている。)

上の 2 つの例のように，同一の条件の下で，試行（実験）の回数を増やしていくと，ある事象が起こる確率は一定の値に近づく。このようにして測られる**確率を経験的確率（統計的確率）**という。

以上で，**確率の測り方**の学習をいったん終わる。これは，次節以降で時々使うことになるからもう一度復習せよ。

確率については，この他にもまだ学ばねばならないことがいろいろある。確率の加法，確率の乗法，条件付き確率，周辺確率，独立性，期待値などである。これらはいったん，統計学入門を修了してから，次のステップで学ぶ方がよい。

復習のためのアドヴァイス

確率の計算では，階乗（！），順列（$_nP_r$），組み合わせ（$_nC_n$）などの計算を実行するのがなかなか大変である。そのため，このあたりで統計学は計算が大変だという理由で，放りだしてしまう人が多い。

しかし，簡単な関数電卓を 1 台用意すると，$\boxed{!}$，$\boxed{_nP_r}$，$\boxed{_nC_r}$ のキーがついており，キーを押すだけでらくらくと計算ができる。文明の利器を使ってごらんなさい。計算がおもしろくなるはずです。

3.3 確率変数と確率分布

(1) 確率変数とは

統計学では，あらゆる統計的事象は確率分布をすると考える。つまり，あらゆる統計的変数は確率変数だと考えるのである。（このことは，第1章でも学んだ。3.1節でも復習した。）

統計学が教える通り，現実のさまざまの事象が実に見事に確率分布をする。その例を示そう。

（例1）試験の成績 （例2）勤労者の月間所得

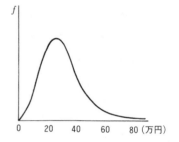

0点の人も，100点の人もめったにいないものだ。
平均のまわりに上の図のように分布をするから不思議である。

低所得者が多く，中所得者は少し減り，高所得者はごくわずかしかいない。豊かな国でも，貧しい国でもこの所得分布の基本形は変わらないから不思議である。

このように，確率分布に従って起こる変数のことを**確率変数**という。

自然現象の中には，確率変数が多い。例えば，同じ樹齢の杉の木の太さは大小さまざまであり，同じ年齢の人の体重や身長も大小さまざまである。社会現象や経済現象の多くも，また，確率変数である。同じ所得を得ても消費額は大小さまざまであるし，同じ原料や労働力を投入しても生産額はさまざまである，というのもその例である。

(2)　離散的確率変数と連続的確率変数

確率変数には，次の 2 種類がある。

a.　離散的確率変数（不連続確率変数）

　　　　その分布は：離散型確率分布

b.　連続的確率変数

　　　　その分布は：連続型確率分布

a.　離散的確率変数には次の 2 種類がある。

（a−1）　変数の値が数で表わせるもの

　　（例）　サイコロの目

　　 1，2，3，4，5，6 （1.5，2.5，などという目はない）

　　（例）　男女の別を数字の "1" と "2" で区別する場合

　　　　（男性と女性の中間の 1.5 などというものはない）

（a−2）　変数の値が記号で表わせるもの

　　（例）　硬貨の表と裏　　　　（例）　アンケート調査の答え

　　　　 表＝H，裏＝T　　　　「あなたは○○が好きですか？」

　　　　　　　　　　　　　　 はい（yes）＝Y，いいえ（no）＝N

b.　連続的確率変数

測定尺度をいくらでも細かくできる変数は，すべて連続的変数である。

　　（例）　人間の身長

　　120cm，121cm の間をもう 1 桁細かくすると，

　　120.0，120.1，120.2………120.9，121.0

　　もっと詳しく知りたければ，小数以下 2 桁でも 3 桁でも刻むことができる。

応用　次のような確率変数の実例をあげてみなさい。

　(1)　離散型確率分布をする社会現象や経済現象

　(2)　連続型確率分布をする社会現象や経済現象

---

(3) 確率分布の形を表わす図と式

確率分布の形を表わす図（グラフ）は，典型的な例でイメージを描けば，下のようなものである。

離散型確率分布 　　　　　　　　　　連続型確率分布

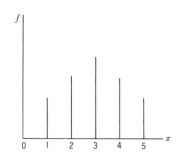 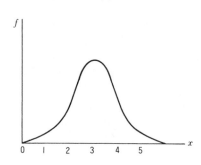

このように確率分布の形を表わす方程式のことを，

　　　確率密度関数（**probability density function**）

　　　または確率関数（**probability function**）という。

　数学では，変数 x が大小さまざまの値をとると，その結果として変化するものを関数（function）と呼ぶ。関数は，function の頭文字をとって $f(x)$ と表わす。$f(x) = ax + b$ のように書く。確率密度関数も $f(x)$ の記号で表わす。

　必要が生じたら，確率密度関数についてもう少し詳しく学ぶことにする。

（注意1）　第1章，第2章で標本分布を取り扱っていた時は，変数は標本抽出によって得られる観測データであることを強調するため X（大文字）で表わした。しかし，確率分布の話に入ったこれからは論理演算の説明が重要となってくるため，一般的な x（小文字）で確率変数を表わす。

（注意2）　確率変数の分布（つまり確率分布）を学ぶ時は，f は相対度数を表わす。（確率分布の1つ1つの確率をすべて加えると必ず1になる。）

　　　　　f は正確には，**確率密度（probability density）** と呼ぶ。$x = 3$ である確率は P(3) と書くが，今覚えた確率密度の記号を使って f(3) とも書く。

⑷　確率分布の性質

⑴　ある確率変数が「ある値となる確率」は0と1の間である。

注：「ある値となる」というのは，統計学や数学の方言（専門用語）では「ある値を<u>とる</u>」ともいう。わかりやすく言えば，「ある値<u>になる</u>」ということだ。

ある確率変数（たとえば16〜20歳の女性の身長）が，ある値（たとえば155cm）となる確率 f (155) は，0以上で1以下である。

このことを式で書けば，$0 \leqq f(x) \leqq 1$，となる。

このことを図示すると，

〈離散型の場合〉

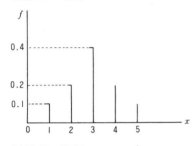

この1本1本の棒グラフの高さは確率を表わしている。この1本1本は確率密度（probability density）という。離散形の場合，確率と確率密度は同じである。棒グラフの高さ（確率密度）は，

　　1を超えることはない。

　　0より小さいことはない。

〈連続型の場合〉

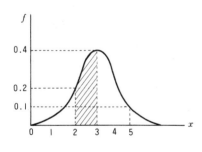

この図の山の高さ（上図の点線の高さ）は確率密度という。確率とはいわない。連続型確率分布であるから，x のあらゆる値について高さ（確率密度）を測ることができる。

このグラフのどこをとっても高さ（確率密度）は，

　　1を超えることはない。

　　0より小さいことはない。

要するに，どのような現象も，それが起こる確率は1（100パーセント）を超えるということはないし，0より小さい（つまりマイナスの確率）ということもない，ということを押さえておけばよい。

確率密度と確率はどう違う？

前ページの離散型，連続型どちらも，分布の形を表わす図形を，**確率密度関数**という。

離散型でも，連続型でも，あらゆる x に対する山の高さは，確率密度（probability density）という。

重要ポイント

離散型分布では，確率密度と確率は同じである。

連続型分布では確率密度と確率は違う！

確率密度＝確率密度関数の 1 カ所，1 カ所の高さ

確率＝確率密度関数の下の，一定の幅の面積

これは次のように理解すると，よくわかる。

x が 2 と 3 の間の値となる確率＝$f(2 \leq x \leq 3)$

＝図の斜線部分の面積＝約 0.35

x がちょうど 2 となる確率＝$f(x=2)=f(2)=0$

なぜなら幅がゼロだから，その上の棒の面積はゼロである。

(2) 確率の合計は 1 である。

つまり，ある現象（確率変数）は，いろいろな確率で起こるが，そのすべての確率の合計は 1 である。

離散型分布では，すべての棒グラフの長さの合計は 1 である。

連続型分布では，曲線の下部分の面積は 1 である。

復習

(1) ある確率変数が「ある値となる確率」は 0 と 1 の間である。

(2) 確率の合計は 1 である。

3.4　二項分布（Bi-nomial distribution, Bernoulli distribution）

二項分布は，最も典型的な離散型確率分布である。

応用範囲が広い分布である。

わかりやすく，計算しやすい分布である。

(1)　予備知識：ベルヌーイ・トライアル（ベルヌーイ試行）

二項分布は，「ベルヌーイ試行」と呼ばれる現象についてみられる確率分布である。

「ベルヌーイ・トライアル」とは，

（例）　硬貨を投げると H（表）か，T（裏）かのどちらかで，それ以外はない。

（例）　人間を 1 人観測すると M（male：男）か F（female：女）のどちらかでそれ以外はない。

このように「H か T のどちらかしか起こらない。」

「M か F のどちらかしかいない。」

「Yes か No かのどちらかしかない。」

といった現象をベルヌーイ型の事象と呼び，そのような事象を起こさせる試みをベルヌーイ・トライアルと言う。

(2)　ベルヌーイ・トライアル（例えばコインを投げる）を 1 回行なったときに，ある事象（たとえば H が出る）が起こる確率はほとんどの場合，古典的確率で計算できる。しかし，時には経験的確率によらないとわからないこともある。

（例）　古典的確率でわかるケース：硬貨を 1 回投げて表 H が出る確率

$$P = \frac{n(H)}{N} = \frac{1}{2} = 0.5$$

（例）　経験的確率でわかるケース：ある商品が「不良品」である確率は，長年の経験で 0.00002 であることがわかっている，というようなケース。

(3)　1回のベルヌーイ・トライアルである事象が起こる確率がわかっている時，このベルヌーイ・トライアルを n 回行なうとする。n 回のうち x 回だけその事象が起こる確率は，**二項分布**という分布をする。

(4)　二項分布の確率密度関数は次のような式である。
$$f(x) = {}_nC_x p^x (1-p)^{n-x}$$

(5)　上の式を使って x の確率密度を計算することに熟達せよ。

確認のためのQ&A・3.7

コインを1回投げるとH（表）が出る確率は0.5である。

このコインを3回投げる。

そのうち0回表が出る確率は，$f(0) = {}_3C_0 0.5^0 (1-0.5)^{3-0} = 0.125$

　〃　　1　　〃　　，$f(1) = {}_3C_1 0.5^1 (1-0.5)^{3-1} = 0.375$

　〃　　2　　〃　　，$f(2) = {}_3C_2 0.5^2 (1-0.5)^{3-2} = 0.375$

　〃　　3　　〃　　，$f(3) = {}_3C_3 0.5^3 (1-0.5)^{3-3} = 0.125$

合計＝1.000

---

(6)　二項分布のグラフ

p=0.5, n=3 の二項分布のグラフ（p=0.5, n が奇数に注意）

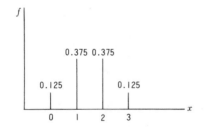

$$f(0) = {}_3C_0 0.5^0 0.5^3 = 0.125$$
$$f(1) = {}_3C_1 0.5^1 0.5^2 = 0.375$$
$$f(2) = {}_3C_2 0.5^2 0.5^1 = 0.375$$
$$f(3) = {}_3C_3 0.5^3 0.5^0 = 0.125$$

1.000

上のグラフは「確認のための Q&A・3.7」に示した，コイン投げ3回の例を図示している。コインを投げた場合，裏表の出る確率は同じ（0.5）であり，どちらかの確率が大きくなることはない。つまり，グラフに表わす中央に山ができる。しかし，コインに細工をして，たとえば表が出やすいようにすると，表の出る確率は0.5以上になり，これをグラフに表わすと山が右寄りにできる。

このことを「グラフは左に歪む」という。次に右または左に歪んだ分布の例を示す。

p＝0.3，n＝4 の二項分布のグラフ（p が 0.5 より小さい，n が偶数に注意）

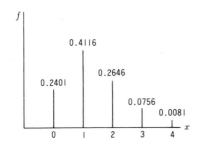

$$f(0) = {}_4C_0 0.3^0 0.7^4 = 0.2401$$
$$f(1) = {}_4C_1 0.3^1 0.7^3 = 0.4116$$
$$f(2) = {}_4C_2 0.3^2 0.7^2 = 0.2646$$
$$f(3) = {}_4C_3 0.3^3 0.7^1 = 0.0756$$
$$f(4) = {}_4C_4 0.3^4 0.7^0 = \underline{0.0081}$$
$$1.0000$$

p＝0.6，n＝3 の二項分布のグラフ（p が 0.5 より大きい，n が奇数に注意）

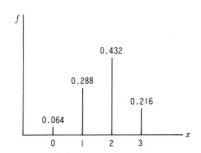

$$f(0) = {}_3C_0 0.6^0 0.4^3 = 0.064$$
$$f(1) = {}_3C_1 0.6^1 0.4^2 = 0.288$$
$$f(2) = {}_3C_2 0.6^2 0.4^1 = 0.432$$
$$f(3) = {}_3C_3 0.6^3 0.4^0 = \underline{0.216}$$
$$1.000$$

重要ポイント

二項分布のグラフの特徴

(1) n＝0 があるから，グラフの棒の数は n＋1 本になる。

だから n が奇数なら棒は偶数だけ立ち，

n が偶数なら棒は奇数だけ立つ。

(2) p＝0.5 の時は左右対称

p＜0.5 の時は右に歪んだグラフ

p＞0.5 の時は左に歪んだグラフ

(7) 二項分布の平均と分散・標準偏差

平均 $\mu = n\mathrm{p}$

分散 $\sigma^2 = n\mathrm{p}\,(1-\mathrm{p})$

標準偏差 $\sigma = \sqrt{n\mathrm{p}\,(1-\mathrm{p})}$

（基本） 確率分布の平均は μ，分散は σ^2，標準偏差は σ で表わす。標本平均の $\overline{\mathrm{X}}$，標本分散 s^2，標本標準偏差 s と区別せよ。

（注意） 二項分布の平均，分散，標準偏差が上のような値になることは，中級の数理統計学の段階に進むと，計算で導き出すことができる。

入門統計学では，上の３つを覚えて利用するところから始めよう。

(8) 応　用

応用問題 コインを５回投げる。

(*Question 1*) そのうち１回も表が出ない，ということが起こる確率はいくらか。

(*Answer 1*)

p$=0.5$ $n=5$ $x=0$

$f\,(0) = {}_5\mathrm{C}_0\,0.5^0\,0.5^5 = 0.03125$

（１回のコイン投げで表が出る確率は，古典的確率で 0.5 である。そのような性質を持ったコインを５回投げたのに，１回も表が出ないということは，めったに起こらないであろうと想像できる。それを実際に計算してみると，そのようなことが起こる確率は 0.03125 という小さな確率であることがわかる。）

(*Question 2*) ２回以下表が出る確率はいくらか。

(*Answer 2*)

$f\,(0) = {}_5\mathrm{C}_0\,0.5^0\,0.5^5 = 0.03125$

$f\,(1) = {}_5\mathrm{C}_1\,0.5^1\,0.5^4 = 0.15625$

$f\,(2) = {}_5\mathrm{C}_2\,0.5^2\,0.5^3 = 0.3125$

$f\,(0) + f\,(1) + f\,(2) = 0.03125 + 0.15625 + 0.3125 = 0.5$

（「２回以下」であるから，２回と１回と０回の確率を足せばよい。）

(*Question 3*)　平均何回表が出るか。

(*Answer 3*)　$\mu = np = 5 \times 0.5 = 2.5$　平均 2.5 回表が出る。

(*Question 4*)　標準偏差はいくらか。

(*Answer 4*)

$$\sigma = \sqrt{5 \times 0.5 \times 0.5} = \sqrt{1.25} = 1.1180$$

（コインの表の出方は，平均 2.5 回からの標準的な偏差，つまり<u>標準偏差</u>が 1.12 の程度になるような散らばりをすることを示している。）

応用問題　植木を 1 本植えると 0.9 の確率で成功する腕のいい植木屋がいる。この植木屋に 100 本の並木を植えてもらうことにした。

(*Question 1*)　せっかくこの腕のいい植木屋が植えたのに，それでも 100 本全部失敗して枯れてしまうというようなことはどの位の確率で起こるか。

(*Answer 1*)

$p = 0.9$　$n = 100$　$x = 0$ のケースを計算すればよい。

$f(0) = {}_{100}C_0 \, 0.9^0 \, 0.1^{100} = 1 \times 1 \times 0.1^{100} = 1.0 \times 10^{-100} \fallingdotseq 0$

（ほぼありえないことがわかる。$\fallingdotseq 0$ は「ほとんど 0 に等しい」ことを表わす。）

(*Question 2*)　100 本のうち 10 本しか成功しない確率はいくらか。

(*Answer 2*)

$p = 0.9$　$n = 100$　$x = 10$ のケースを計算すればよい。

$f(10) = {}_{100}C_{10} \, 0.9^{10} \, 0.1^{90} = 6.0357 \times 10^{-78}$

（こんなことはめったに起きないことがわかる。）

(*Question 3*)　100 本のうち 50 本成功する確率はいくらか。

(*Answer 3*)

$p = 0.9$　$n = 100$　$x = 50$ のケースを計算すればよい。

$f(50) = {}_{100}C_{50} \, 0.9^{50} \, 0.1^{50} = 5.1997 \times 10^{-24}$

（50 本成功し，50 本失敗するというケースでさえ，このようにめったに起こらない。）

(*Question 4*)　100 本のうち 100 本全部が成功する確率はいくらか。

(*Answer 4*)

　　p＝0.9　n＝100　x＝100 のケースを計算すればよい。

　　$f(100)={}_{100}C_{100}\ 0.9^{100}0.1^0=2.6561\times10^{-5}$

　　（100 本成功するというケースもこのようにめったに起こらない。）

(*Question 5*)　100 本のうち 90 本成功する確率はいくらか。

(*Answer 5*)

　　p＝0.9　n＝100　x＝90 のケースを計算すればよい。

　　$f(90)={}_{100}C_{90}\ 0.9^{90}\ 0.1^{10}=0.1319$

　　（このケースは 0.1319 というかなり高い確率で起こることがわかる。）

(*Question 6*)　100 本のうち 95 本以上成功する確率はいくらか。

(*Answer 6*)

　　p＝0.9　n＝100　x＝95, 96, 97, 98, 99, 100 のケースを計算すればよい。

　　$f(95)={}_{100}C_{95}\ 0.9^{95}\ 0.1^5$　　　　　　　　＝0.03387

　　$f(96)={}_{100}C_{96}\ 0.9^{96}\ 0.1^4$　　　　　　　　＝0.01587

　　$f(97)={}_{100}C_{97}\ 0.9^{97}\ 0.1^3=5.8916\times10^{-3}$＝0.005892

　　$f(98)={}_{100}C_{98}\ 0.9^{98}\ 0.1^2=1.6231\times10^{-3}$＝0.001623

　　$f(99)={}_{100}C_{99}\ 0.9^{99}\ 0.1^1=2.9512\times10^{-4}$＝0.000295

　　$f(100)={}_{100}C_{100}\ 0.9^{100}\ 0.1^0=2.6561\times10^{-5}$＝0.000027
　　　　　　　　　　　　　　　　　　　　　　　　　　　　＿＿＿＿＿
　　　　　　　　　　　　　　　　　　　　　　　　　　　　　0.05758

　　（この 6 通りの確率の合計は 0.05758 すなわち約 6％である。95 本以上成功する確率は意外に小さいことがわかる。）

(数学の基礎)

　　0.9^{95} や 0.1^5 のようなべき乗の計算は，実際に計算しようとするとあまりに大変であるが，電卓を使えば簡単に計算できる。

　　計算結果が 0.052 や 0.000025 のように小数点以下いくつも 0 が並ぶ場合は，次のように表わす。

　　　　$0.032=0.32\times10^{-1}=3.2\times10^{-2}$（どちらでもよい）

　　　　$0.000025=0.25\times10^{-4}=2.5\times10^{-5}$（どちらでもよい）

(*Question 7*)　この植木屋は平均して 100 本のうち何本成功するか。また，彼が成功する本数の標準偏差はいくらか。

(*Answer 7*)

$\mu = 100 \times 0.9 = 90$ 本

$\sigma = \sqrt{100 \times 0.9 \times 0.1} = \sqrt{9} = 3$

（この植木屋に 100 本の植樹を頼むと，平均 90 本成功する。またその標準偏差は 3 本である。つまり平均からプラス，マイナス 3 本が標準的な偏差である。）

確認のためのQ&A・3.8

あるデパートで，仕入れたシャツの中に不良品が発生する確率は，長年の経験で 0.001 であることがわかっている。その商品（シャツ）を 200 着仕入れる。

(*Question 1*)　1 着も不良品がない確率はいくらか。

(*Answer 1*)

p=0.001，n=200，x=0 のケースの計算をすればよい。

$f(0) = {}_{200}C_0 \, 0.001^0 \, 0.999^{200} = 0.8186$

(*Question 2*)　5 着不良品が混じっている確率はいくらか。

(*Answer 2*)

p=0.001，n=200，x=5 のケースの計算をすればよい。

$f(5) = {}_{200}C_5 \, 0.001^5 \, 0.999^{195} = 2.0862 \times 10^{-6}$

(*Question 3*)　2 着不良品が混じっている確率はいくらか。

(*Answer 3*)

p=0.001，n=200，x=2

$f(2) = {}_{200}C_2 \, 0.001^2 \, 0.999^{198} = 0.01632$

(*Question 4*)　平均何着不良品が出るか。標準偏差はいくらか。

(*Answer 4*)

$\mu = n p = 200 \times 0.001 = 0.2$（着）

$\sigma = \sqrt{200 \times 0.001 \times 0.999} = \sqrt{0.1998} = 0.4470$

3.5 ポアソン分布 (Poisson distribution)

(1) ポアソン分布

二項分布と並んでもう1つの代表的な離散型確率分布。二項分布と親戚関係にある。

ベルヌーイ試行の確率pが非常に小さく，試行の回数 n が非常に大きい場合には，二項分布によって実際に確率を計算するのは大変手間のかかる作業になる。そこで，ポアソン分布を用いれば計算が容易になる。

(2) ポアソン分布の確率密度関数

n 回の試行のうち x 回だけ事象が起こる確率は，

$$f(x) = \frac{e^{-\mu}\mu^x}{x!} \quad \text{ただし，平均} \mu = np \text{ である。}$$

（数学の基礎）

e は自然数（$e = 2.71828\cdots\cdots$）。$e^{-\mu}$ は電卓を使えば簡単に計算できる。

(3) ポアソン分布の平均・分散・標準偏差

平均　　　$\mu = np$

分散　　　$\sigma^2 = np = \mu$　ポアソン分布の分散は平均に等しい。

何と便利な性質！

標準偏差　$\sigma = \sqrt{\sigma^2} = \sqrt{np} = \sqrt{\mu}$

確認のためのQ&A・3.9

1回の飛行で事故を起こす確率が100万分の1（$p = 0.000001$）である飛行機が10万回飛行して，1回も事故を起こさない確率をポアソン分布の確率密度関数で計算する。

$n = 100000$, $p = 0.000001$, $\mu = np = 100000 \times 0.000001 = 0.1$, $x = 0$

$$f(0) = \frac{e^{-0.1}0.1^0}{0!} = 0.9048$$

確認のための Q&A・3.10

本当はＰが非常に小さく，n が非常に大きい場合にポアソン分布があてはまるのだが，ここでは練習のために，$n=4$, $p=0.1$（$\mu=np=0.4$）のケースについて，二項分布とポアソン分布の両方を計算してみよう。

〈二項分布〉

$f(0)={}_4C_0\,0.1^0\,0.9^4=0.6561$

$f(1)={}_4C_1\,0.1^1\,0.9^3=0.2916$

$f(2)={}_4C_2\,0.1^2\,0.9^2=0.0486$

$f(3)={}_4C_3\,0.1^3\,0.9^1=3.6\times10^{-3}$

$f(4)={}_4C_4\,0.1^4\,0.9^0=1.0\times10^{-4}$

〈ポアソン分布〉

$f(0)=\dfrac{e^{-0.4}\,0.4^0}{0!}=0.6703$

$f(1)=\dfrac{e^{-0.4}\,0.4^1}{1!}=0.2681$

$f(2)=\dfrac{e^{-0.4}\,0.4^2}{2!}=0.0536$

$f(3)=\dfrac{e^{-0.4}\,0.4^3}{3!}=7.15\times10^{-3}$

$f(4)=\dfrac{e^{-0.4}\,0.4^4}{4!}=7.15\times10^{-4}$

　上記の Q&A の結果を左（二項分布）と右（ポアソン分布）について見比べてみよう。大体似た確率であるが，少しずつ違っていることがわかる。同じベルヌーイ・トライアル型の現象でも，Ｐが非常に小さく n が大きい時はポアソン分布をあてはめてもよい。それ以外は二項分布をあてはめるのがよい。

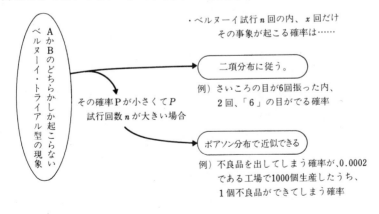

第3章の練習問題

1. あるIC（集積回路）の工場では，0.02％の確率で不良品が発生する。

(*Question 1*)　製品を20万個生産した時，そのうち5％が不良品である確率を求める式を二項分布，ポアソン分布のそれぞれで書け。

(*Answer 1*)

　　　p＝0.0002,　n＝200000,　np＝200000×0.0002＝40

　　　200000×0.05＝10000（20万個の5％に相当する不良品個数）

　　　二項分布 f（10000）＝$_{200000}C_{10000}$　$(0.0002)^{10000}$　$(0.9998)^{190000}$

　　　ポアソン分布 f（10000）＝$\dfrac{e^{-40} \cdot 40^{10000}}{10000!}$

(*Question 2*)　この製品10万個を1ロット（製造数量単位）として生産したとき，不良品は1ロット当たり平均何個発生するか。

(*Answer 2*)

　　　μ＝np＝100000×0.0002＝20（個）

2. 1枚のコインを3回投げる実験を行なう。

(*Question 1*)　この実験で起こりうる表と裏の出方をすべて列挙し，何通りあるかを数えあげよ。

(*Answer 1*)

　　　3枚とも H————HHH

　　　2枚が　H————HHT　HTH　THH

　　　1枚が　H————HTT　THT　TTH

　　　0枚が　H————TTT

　　　すべてのHとTの出方は8通り。

　　　計算式では，H・Tの2通りの出方が3回だから，2^3＝8

(*Question 2*)　そのうちで1回でも表が出る確率を計算せよ。

(*Answer 2*)

　　上記のうちHが含まれるのは7通りだから，$\dfrac{7}{8}$

(*Question 3*)　*Question 2* の問題に計算式で答えてみよ。

(*Answer 3*)

$$f(1)+f(2)+f(3)=1-f(0)$$
$$=1-{}_3C_0\left(\frac{1}{2}\right)^0\left(\frac{1}{2}\right)^3=1-\frac{1}{8}=\frac{7}{8}$$

3. コインを 10 回連続して投げたとき，H（表）の出る確率を計算し，下表を完成しなさい。

表の出る回数	0	1	2	3	4	5	6	7	8	9	10
その確率											

(*Answer*)

$f(0)={}_{10}C_0\ 0.5^0\ 0.5^{10}=9.765\times10^{-4}$

$f(1)={}_{10}C_1\ 0.5^1\ 0.5^9=0.009766$

$f(2)={}_{10}C_2\ 0.5^2\ 0.5^8=0.04395$

$f(3)={}_{10}C_3\ 0.5^3\ 0.5^7=0.1172$

$f(4)={}_{10}C_4\ 0.5^4\ 0.5^6=0.2051$

$f(5)={}_{10}C_5\ 0.5^5\ 0.5^5=0.2461$

$f(6)={}_{10}C_6\ 0.5^6\ 0.5^4=0.2051$

$f(7)={}_{10}C_7\ 0.5^7\ 0.5^3=0.1172$

$f(8)={}_{10}C_8\ 0.5^8\ 0.5^2=0.04395$

$f(9)={}_{10}C_9\ 0.5^9\ 0.5^1=0.009766$

$f(10)={}_{10}C_{10}\ 0.5^{10}\ 0.5^0=9.765\times10^{-4}$

4. 以下の問いに答えよ。

(*Question 1*)　サイコロを 6 回投げて 1 の目が 1 回だけ出る確率はいくらか。

(*Answer 1*)

1 の目が出る確率は $\frac{1}{6}=0.1667$ だから，p＝0.1667

6 回投げるから $n=6$，そのうち 1 回だけ出るから，$x=1$

$f(1)={}_6C_1 0.1667^1\ (1-0.1667)^5=0.4019$

（*Question 2*）　硬貨を 6 回投げて表が少なくとも 1 回出る確率はいくらか。

（*Answer 2*）

表が出る確率は p＝0.5，6 回投げるのだから $n＝6$

少なくとも 1 回表が出るというのだから，

$x＝1,\ x＝2,\ x＝3,\ x＝4,\ x＝5,\ x＝6$

$f(1)＋f(2)＋f(3)＋f(4)＋f(5)＋f(6)$ を計算すればよい。

しかし，これでは計算が大変である。

そこで，「少なくとも 1 回（つまり 1 回以上表が出る）」というのは，

「1 回も表が出ないケース以外のすべてのケース」と読みかえれば，

$f(1)＋f(2)＋f(3)＋f(4)＋f(5)＋f(6)＝1－f(0)$ である。

$1－f(0)＝1－{}_6C_0\,0.5^0\,0.5^6＝1－0.0156＝0.9844$

5. ASEAN6 カ国（インドネシア・シンガポール・タイ・フィリピン・ブルネイ・マレーシア）が首脳会議を行なう。事務当局は，この会議の際の席順を決めねばならない。議長国はこの会議の開催国であるブルネイが務めるものとする。参加諸国は何通りの座り方ができるか，求めなさい。

（*Answer*）　議長席が決まっているので，円卓テーブルであっても左まわり，あるいは右まわりに席をずらして同じ組み合わせを作ることはできない。したがって，5 人が 5 つの空席に並ぶすべての並び方を計算すればよい。

　　　$5!＝120$ 通り

6. ある出版社の出版物は，経験的に 0.005 の確率で落丁が存在することがわかっている。今，この会社が 1 万冊の本を印刷し，配本した。

(*Question 1*)　すべての本に落丁がある確率を求めよ。

(*Answer 1*)

$\text{p}=0.005 \quad n=10000$

$f(10000)={}_{10000}\text{C}_{10000}\ 0.005^{10000}\ 0.995^{0}=0.005^{10000}$

$\qquad\qquad \fallingdotseq 0$

(*Question 2*)　すべての本に落丁がない確率を求めよ。

(*Answer 2*)

$f(0)={}_{10000}\text{C}_{0}\ 0.005^{0}\ 0.995^{10000}=1.7014\times10^{-22}$

(*Question 3*)　平均何冊の落丁が存在するか，またその標準偏差を求めよ。

(*Answer 3*)

$\mu=n\text{p}=10000\times0.005=50$

$\sigma=\sqrt{n\text{p}\ (1-\text{p})}=\sqrt{10000\times0.005\times0.995}=7.05337$

平均 50 冊の落丁本が出る。

落丁本の出方の標準偏差は 7.05337 冊である。

7. 東京都が公園を造成することになり，100 本の木を植えることになった。1 本の木を植えて，それが根づく確率は 0.8 であることが過去の経験でわかっている。

(*Question 1*)　1 本も根づかない確率を求めよ。

(*Answer 1*)

$\text{p}=0.8 \qquad n=100$

$f(0)={}_{100}\text{C}_{0}\ 0.8^{0}\ 0.2^{100}=1.2677\times10^{-70}$

(*Question 2*)　50 本の木が根づく確率を求めよ。

(*Answer 2*)

$f(50)={}_{100}\text{C}_{50}\ 0.8^{50}\ 0.2^{50}=1.6213\times10^{-11}$

(*Question 3*)　全部根づく確率を求めよ。

(*Answer 3*)

$$f(100) = {}_{100}C_{100}\,0.8^{100} \times 0.2^0 = 2.0370 \times 10^{-10}$$

(*Question 4*)　平均何本根づくであろうか。

(*Answer 4*)

$$\mu = np = 100 \times 0.8 = 80\ (本)$$

第4章 一様分布と正規分布

この第4章では，まず離散型確率分布と連続型確率分布の両方の場合がある**一様分布**について学ぶ。

次に最も代表的で重要な連続型確率分布である**正規分布**について学ぶ。

4.1 一様分布（Uniform distribution）
別名：矩形分布（Rectangular distribution）

(1) 一様分布の形

離散型一様分布と**連続型一様分布**の両方がある。

離散型一様分布の形　　　　　　　　連続型一様分布の形

（例）　サイコロの目の出方　　　　（例）　0 から 10 の連続型一様分布

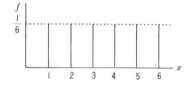

(2) 一様分布の確率密度関数

一様分布の確率密度関数は次のようになる。

一様分布の確率密度関数の一般式

離散型一様分布の一般形　　　　　　連続型一様分布の一般形

$$f(x) = \frac{1}{n}$$

$$f(x) = \frac{1}{b-a}$$

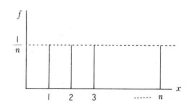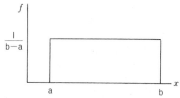

(3) 一様分布の平均・分散・標準偏差

離散型一様分布

平均 $\quad\mu = \dfrac{1+2+\cdots\cdots+n}{n} = \dfrac{1+n}{2}$

分散 $\quad\sigma^2 = \dfrac{1}{n} \times \{(1-\mu)^2 + (2-\mu)^2 + \cdots\cdots + (n-\mu)^2\}$

標準偏差 $\quad\sigma = \sqrt{\sigma^2}$

ただし，n が大きくなると，連続型の式で近似することができる。

平均 $\quad\mu = \dfrac{1+n}{2}$

分散 $\quad\sigma^2 = \dfrac{(n-1)^2}{12}$

標準偏差 $\quad\sigma = \dfrac{(n-1)}{\sqrt{12}}$

連続型一様分布

平均 $\quad\mu = \dfrac{a+b}{2}$

分散 $\quad\sigma^2 = \dfrac{(b-a)^2}{12}$

標準偏差 $\quad\sigma = \dfrac{b-a}{\sqrt{12}}$

〈離散型—サイコロの目の出方〉の例

$$f(x) = \frac{1}{6} \ (x=1, \ 2, \ 3, \ 4, \ 5, \ 6)$$

$f(x)=0$（上記以外の x）

$$平均 \mu = \frac{1+2+3+4+5+6}{6} = 3.5$$

$$分散 \sigma^2 = \frac{1}{6} \times \{(1-3.5)^2 + \cdots\cdots$$
$$+ (6-3.5)^2\} = 2.9167$$

$$標準偏差 \sigma = \sqrt{2.9167} = 1.7078$$

〈連続型—1〜10 の一様分布〉の例

$$f(x) = \frac{1}{10-0} = 1/10 \ (0 \leq x \leq 10)$$

$f(x)=0 \ \ (x<0, \ x>10)$

$$平均 \mu = \frac{(0+10)}{2} = \frac{10}{2} = 5$$

$$分散 \sigma^2 = \frac{(10-0)^2}{12} = \frac{10^2}{12}$$
$$= 8.3333$$

$$標準偏差 \sigma = \sqrt{8.33} = 2.8862$$

確認のためのQ&A・4.1

あるデパートでは，紳士服のサイズを1号，2号，3号，4号，5号の5通り揃えている。過去数年間の売れ行きを調べてみると，どのサイズも同じ割合で売れるという。

(Question)

(1) この分布は何分布であろうか。

(2) この分布の確率密度関数はどのような式になるか。

(3) 平均はいくらか。

(4) 分散はいくらか。

(5) 標準偏差はいくらか。

(Answer)

(1) 離散型一様分布

(2) $f(x)=0.2 \ \ (x=1, \ 2, \ 3, \ 4, \ 5)$

(3) $\mu = \dfrac{1+2+\cdots\cdots+5}{5} = 3$

(4) $\sigma^2 = \dfrac{1}{5}\{(1-3)^2 + \cdots\cdots + (5-3)^2\} = 2$

(5) $\sigma = \sqrt{2} = 1.4142$

確認のためのQ&A・4.2

テキストの第1章の〔表1.4〕乱数表は，0，1，2，………，9の離散型一様分布である。

(*Question*)

(1) この分布を図に描くとどのようになるか。

(2) この分布の確率密度関数は，どのような式か。

(3) 平均はいくらか。

(4) 分散はいくらか。

(5) 標準偏差はいくらか。

(*Answer*)

(1)

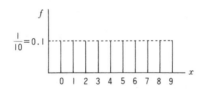

(2) $f(x) = \dfrac{1}{10} = 0.1 \qquad (x = 0, 1, 2, \dots\dots, 8, 9)$

(3) $\mu = \dfrac{0+1+\dots\dots+9}{10} = \dfrac{0+9}{2} = 4.5$

(4) $\sigma^2 = \dfrac{1}{10}\{(0-4.5)^2 + (1-4.5)^2 + \dots\dots + (9-4.5)^2\} = 8.25$

(5) $\sigma = \sqrt{\sigma^2} = 2.8723$

実は，一様分布が一番役に立つのは，この一様乱数表を生み出してくれるからなのである。第1章，〔表1.4〕の乱数表は「**一様乱数表**」と呼ばれる。

4.2 正規分布 (Normal distribution)

(1) 正規分布の重要性

正規分布は，統計学で学ぶさまざまの分布の中でも，最も重要な分布である。

> 次のようないろいろな現象が正規分布で起こるから誠に不思議である。
> 1. 自然現象や社会現象の中には，母集団が正規分布をするものが，非常に多い。(例：体重，身長，製品の規格誤差)
> 2. 母集団が正規分布であっても，正規分布以外の分布であっても，標本平均$\overline{X}$の分布は正規分布をする。
> 3. 二項分布などの他の分布の中には，極限値が正規分布に近づくものがある。

この統計学入門では，上の1.と2.について学ぼう。そうすると，さまざまの統計分析ができるようになる。

(2) 正規分布の形

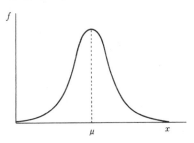

- Bell shape（釣鐘型）である。
- 左右対称である。
- 平均μは中央にある。
- (平均と中央値と最頻値が一致する。)

正規分布のグラフは上のような形をしているが，平均μが大きければ右へ，小さければ左へ動き，また標準偏差σが大きければ平たく広くなり，小さければ高くせまくなる。

⑶　**変数 x が正規分布をするということを表わす記号**

$$x : \mathrm{N}\ (\mu,\ \sigma^2)$$

この表記は「変数 x は，平均 μ で分散が σ^2 の正規分布をする」ということを表わすためによく使われる。

（例）　身長 x は，平均 160cm，分散 100（標準偏差は 10cm）の正規分布をする。

$$x : \mathrm{N}\ (160,\ 10^2)\ \ \text{あるいは}\ x : \mathrm{N}\ (160,\ 100)$$

⑷　**正規分布の確率密度関数**

あらかじめ頭の体操

下の図は x が変わると y が変わる様子を示したものである。x と y の関係を表わす式を書け。

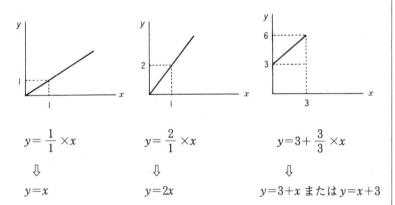

$$y = \frac{1}{1} \times x \qquad\qquad y = \frac{2}{1} \times x \qquad\qquad y = 3 + \frac{3}{3} \times x$$

$$\Downarrow \qquad\qquad\qquad \Downarrow \qquad\qquad\qquad \Downarrow$$

$$y = x \qquad\qquad\qquad y = 2x \qquad\qquad y = 3 + x \ \text{または}\ y = x + 3$$

上のグラフの y を $f(x)$ と書き換えれば，x が変わるにつれて $f(x)$ がいくらになるかを示す式になる。それを書いてみよ。

$$f(x) = x, \quad f(x) = 2x, \quad f(x) = x + 3$$

これらの式は，上のグラフの上で，x を指定すると，その時の y（すなわち $f(x)$）はいくらであるかを，教えてくれる式である。

関数は図形の形を正確に表わしてくれる

それでは，Bell shape をする<u>正規分布の形を正確に表わす関数</u>（x を指定すると，その時の bell の高さを教えてくれる式）もあるはずである。

この式は統計学では**確率密度関数**と呼ぶことをもう一度思い出そう。

重要　正規分布の確率密度関数

$$f(x) = \frac{1}{\sqrt{2\pi}\sigma} e^{-\frac{1}{2}(\frac{x-\mu}{\sigma})^2}$$

非常に複雑な式である。統計学入門の段階では，確率の計算の際にこの式を用いることはない。統計数値表を用いて簡単に求めることができる。

中級の数理統計学の段階に進むと，この式を駆使してさまざまな統計計算を行なえるようになる。

(5)　正規分布の平均・分散・標準偏差

二項分布の場合には，平均 μ は，$\mu = np$ として導き出される。平均 μ を理論的に計算した結果，np になることが証明できる。

ところが，正規分布の平均 μ は，確率密度関数に直接登場してしまう。したがって，実際に観測するか，あるいは，何らかの情報源から教えてもらわなければわからない。

何らかの情報源から教えてもらうことを統計学では，**平均 μ は所与（または既知）である**という。実際に観測する場合を**平均 μ は未知である**という。同様に正規分布の分散 σ^2，標準偏差 σ も所与または未知である。

⑹ 正規分布の確率密度関数の性質

1. 確率密度は 0 と 1 の間である。

$$0 \leq f(x) \leq 1$$

$$\left[\begin{array}{l}右の図の山の高さは,\\どこでも 1 より小さい\end{array}\right]$$

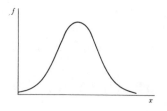

2. 確率密度の合計は 1 である。

〔右上の図の Bell shape の下の面積全体は 1 である。正規分布をする現象（x）のすべてが起こる確率は 1 である。〕

⑺ 正規分布の標準化

正規分布の形は Bell shape であるが，平均 μ と標準偏差 σ が変わると分布の位置と形はどんどん変わる。ところが，次のような面白い性質がある。

正規分布をする変数 x から母平均 μ を引いて $x-\mu$ とし，それを母標準偏差 σ で割ると，

$$\frac{x-\mu}{\sigma}$$

これにあらためて z という名前をつける。

$$z=\frac{x-\mu}{\sigma}$$

このように x を z に変えることを**標準化（normalization）**という。面白いことに，z は平均 0，標準偏差 1 の正規分布をする。

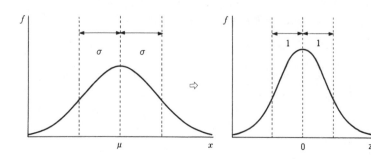

なぜこのようなことが起こるのか。

まず，$x-\mu$ を行なうと，元の分布は平均が μ のところから 0 のところへ移動する。

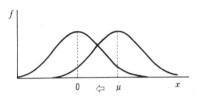

次に，$x-\mu$ を σ で割ると標準偏差は，σ 分の 1 に縮まり，1 となる。

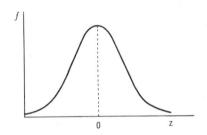

だから，どのような μ と σ を持った正規分布でも標準化すれば，$\mu=0$，$\sigma=1$ の正規分布　$z : N(0, 1^2)$ に変わってしまうのである。

重要　平均 μ，標準偏差 σ の正規分布をする変数 x を標準化すると，

$$z=\frac{x-\mu}{\sigma}\text{ になる。}$$

z は，平均 0，標準偏差 1 の正規分布をする。

z は**標準化正規変数**（standardized normal variable）または**標準正規変数**（standard normal variable）と呼ばれる。

---

(8) 標準正規分布と元の正規分布の対応関係

確率密度関数の対応関係

・元の正規分布の確率密度関数—— $f(x) = \dfrac{1}{\sqrt{2\pi}\sigma} e^{-\frac{1}{2}(\frac{x-\mu}{\sigma})^2}$

・標準正規分布の確率密度関数—— $f(z) = \dfrac{1}{\sqrt{2\pi}} e^{-\frac{1}{2}z^2}$

元のデータ（x）と標準化データ（z）の対応関係

元のデータ（x）を標準化すると，標準化データ（z）は $z = \dfrac{x-\mu}{\sigma}$

実例　16〜20歳の女性の身長（x）は，平均160cm，標準偏差10cmの正規分布をする。記号で書けば，$x : N(160,\ 10^2)$である。次のデータを標準化せよ。

$x=180$cm　⇨　標準化　　⇨　　　$z = \dfrac{180-160}{10} = 2.0$

$x=160$cm　⇨　標準化　　⇨　　　$z = \dfrac{160-160}{10} = 0$

$x=150$cm　⇨　標準化　　⇨　　　$z = \dfrac{150-160}{10} = -1.0$

$x=130$cm　⇨　標準化　　⇨　　　$z = \dfrac{130-160}{10} = -3.0$

グラフで見た対応関係

上の〔実例〕の対応関係をグラフの上でみると，次のようになる。

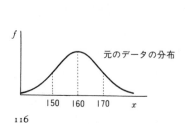

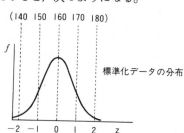

確認のためのQ&A・4.3

0～5歳児の身長は，$x : N (100,\ 10^2)$ の正規分布をする。次の x を標準化せよ。

(*Question*)　　　　　　　　(*Answer*)

$x=130$cm　　　　　$z=\dfrac{130-100}{10}=3.0$

$x=120$cm　　　　　$z=\dfrac{120-100}{10}=2.0$

$x=115$cm　　　　　$z=\dfrac{115-100}{10}=1.5$

$x=100$cm　　　　　$z=\dfrac{100-100}{10}=0$

$x=99$cm　　　　　$z=\dfrac{99-100}{10}=-0.1$

$x=95$cm　　　　　$z=\dfrac{95-100}{10}=-0.5$

正規分布の標準化

下の2つの図は上の問題で行ったことと対応している。よく確認すること。

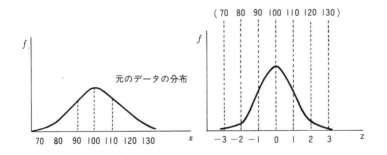

どんな正規分布も右のような $N (0,\ 1^2)$ の正規分布に変換（標準化）できる。

(9) 元のデータ x がある値（A）以下になる確率

これが正規分布の応用の第一歩であり，非常に重要なものである。
x が A 以下になる確率

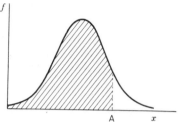

P $(x \leqq A)$

これを図示すると斜線部分の
面積である。

（例）　16〜20 歳の女性の身長の分布から，180cm 以下の女性が抽出される
確率は 0.9772 である。
$$P\ (x \leqq 180) = 0.9772$$
なぜ，0.9772 になるかという理由はあとでわかる。

これは何の役に立つか

P $(x \leqq 180) = 0.9772$ であるということは，上の図の斜線部分の面積が
0.9772 であるから，図の白い部分，すなわち P $(x > 180)$ つまり身長が 180
cm より大きい確率が計算できる。
$$\begin{aligned} P\ (x > 180) &= 1 - P\ (x \leqq 180) \\ &= 1 - 0.9772 \\ &= 0.0228 \end{aligned}$$
「身長が 180cm より大きい確率は 0.0228（2.28％）である」ということも
簡単にわかる。

それでは，P $(x \leqq 180)$ は，どのようにして計算するのであろうか。

ところで，われわれはこれまでにさまざまな平均や標準偏差をもつ正規分布
はすべて，平均 0，標準偏差 1 の正規分布に標準化できることを学んできたが，
ここで〔表 4.1〕と〔表 4.2〕を見ていただきたい。標準化とこの表を使えば
計算は最小限度で済むのである。つまり，元の正規分布を標準化し，P $(x \leqq$
180) に対応する P $(z \leqq ○○)$ を読み取れば，その複雑な計算は必要ないので
ある。

実例　16～20歳の女性の身長は，$x：N（160，10^2）$ の正規分布をする。この分布の上で身長が 180cm 以下である確率はいくらであろうか。

x の分布の性質を記号で書くと…………　$x：N（160，10^2）$

問題の確率は……………………………　$P（x \leqq 180）$

これを標準化すると……………………　$P（z \leqq \dfrac{180-160}{10}）$

$\qquad\qquad\qquad\qquad\qquad\qquad = P（z \leqq 2.0）$

このことを図示すると右の図の斜線部分の面積を求めることを意味する。

次に $P（z \leqq 2.0）$ を**統計数値表**から読み取る。

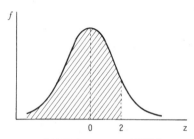

ここで，実例の説明をいったん中断して，統計数値表について説明する。

重要　標準正規分布の，ある z（例えば $z＝2.0$）より左側の面積，つまり z が2以下になる確率—$P（z \leqq 2.0）$ をいちいち計算していては手間がかかるので「統計数値表」の正規分布の表で読み取ればよい。

「統計数値表」（statistical table）は，計算作業を省略するために統計学のさまざまの数値をあらかじめ計算して表にまとめたもので，どこの国でも用いられている。

本書では〔表4.1〕と〔表4.2〕が標準正規分布表である。

〔表4.1〕の標準正規分布表は $P（z \leqq A）$，すなわち，z が A 以下になる確率を示した表である。

〔表4.2〕の標準正規分布表は $P（z \geqq A）$，すなわち，z が A 以上になる確率を示した表である。

必要に応じて2つの表を使い分ければよい。

では，〔表4.1〕，〔表4.2〕を用いて実例の説明を続ける。

実例の続き

P（$z \leqq 2.0$）は〔表4.1〕の表側2.0，表頭0.00にあたるところの数値を見ると，

$$P（z \leqq 2.00）=0.9772$$

P（$z \leqq 2.0$）は，元のデータのP（$x \leqq 180$）と同じであるから，

$$P（z \leqq 2.00）=P（x \leqq 180）=0.9772$$

これで何がわかったのか。

「身長180cm以下の人が抽出される確率は0.9772である。」

なぜ標準化して統計数値表を読んだほうがよいのか

〔表4.1〕や〔表4.2〕に記してある公式を見ていただきたい。最も単純な正規分布・N（0，1^2）でもこんなに複雑な計算をしなければ，このPは求めることができない。その労力は計り知れないものがある。だから，一見回り道のように思えるこのような方法をとるのである。

確認のためのQ&A・4.4

（*Question*）16〜20歳の女性の身長は，x：N（160，10^2）の正規分布をすることがわかっている。この時に身長188cm以上の人が抽出される確率はいくらであろうか。

（*Answer*）　　　　　　　　　　　　（解説）

P（$x \geqq 188$）……………………元のデータで問題を表現した。

$=$P（$z \geqq \dfrac{188-160}{10}$）…………標準化データで問題を表現した。

$=$P（$z \geqq 2.8$）…………………（　）内の右辺の分数を計算した。これで表が読めるようになった。

$=0.0026$　……………………表4.2でP（$z \geqq 2.8$）を読み取った。

P（$x \geqq 188$）$=0.0026$　…………問題を分析した結果を数式と「わかりやすい表現」で表わした。

「188cm以上の人は0.0026という極めて小さな確率で抽出される。」

正規分布表の読み方──応用編

(1) 〔表 4.1〕，〔表 4.2〕は，正規分布の右半分についてのみ確率を表示してある。そのため，左半分については何らかの読み換えをしないと表が使えない。

実例A　16〜20 歳の女性の身長は，$x : N (160,\ 10^2)$ の正規分布をすることがわかっている。この時にある 16〜20 歳の女性の身長が 154cm 以下である確率はいくらであろうか。

(*Answer*)

$\qquad P\ (x \leqq 154)$

$\quad = P\ (z \leqq \dfrac{154 - 160}{10})$

$\quad = P\ (z \leqq -0.6)$〔表4.1〕を見ても，〔表4.2〕を見ても，表側に -0.6 はない。

右の斜線の部分の面積は，〔表 4.1〕，〔表 4.2〕にはない。

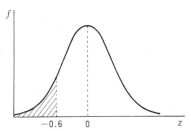

そこで右の図の右側の部分を求める問題に読みかえる。

$\quad = P\ (z \geqq 0.6) = 0.2743$

これは，元の問題に直すと，

$\qquad P\ (z \leqq -0.6) = 0.2743$

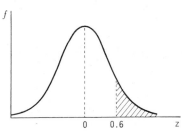

「ある女性が 154cm 以下である確率は 0.2743 である。」

(2)　P（$x \geqq$ A）やP（$x \leqq$ A）のAが大きいと，確率Pは0または1に限りなく近くなる。そのため，〔表4.1〕や〔表4.2〕は使えない。

実例B　$x : N$（160, 10^2）の時，P（$x \geqq 220$）を求めてみる。

$$P（x \geqq 220）$$

$$=P（z \geqq \frac{220-160}{10}）$$

$$=P（z \geqq \frac{60}{10}）$$

$$=P（z \geqq 6.0）$$

表4.2で表側をみると，3.9以上の数値はない。

つまり，P（$z \geqq 3.9$）≒0.0000で，それ以上 z が大きいという確率はほとんど0なのである。

この場合には当然，　P（$z \geqq 6.0$）≒0

したがって，　　　　P（$x \geqq 220$）≒0

「x が220以上という確率はほとんどゼロである」という結論になる。

(3)　z が表側，表頭の z の値の中間になった場合の処理の仕方には2つある。

　　　①安全をみて確率を決める方法

　　　②中間をとる簡便法

実例C　$x : N$（160, 12^2）の時，P（$x \geqq 192$）を求める。

$$P（x \geqq 192）$$

$$=P\left\{z \geqq \frac{(192-160)}{12}\right\}$$

$$=P\left\{z \geqq （\frac{32}{12}）\right\}$$

$$=P（z \geqq 2.666\cdots）$$

⇨⇨⇨

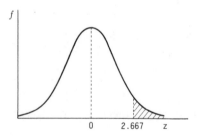

斜線部分の面積を求めたい。

ところが〔表 4.2〕では，

　　　P（$z \geq 2.66$）＝0.0039（表側 2.6 表頭 0.06）

　　　P（$z \geq 2.67$）＝0.0038（表側 2.6 表頭 0.07）

のいずれかしかわからない。

　問題の性質を考えて，処理方法を決めよう。

処理方法①＝「めったに起こらないケース」の確率を大きめにとる。

　192cm 以上という長身の人がいたら「めったに起こらないケース」とみて，デパートの品揃えの対象とはしない，というような配慮をしようというのであれば，少し控えめに

　　　P（$z \geq 2.66$）＝0.0039　を採用するほうが安全である。

処理方法②＝2 つの確率の中間をとる。

　　　P（$z \geq 2.66$）＝0.0039　と

　　　P（$z \geq 2.67$）＝0.0038　の間にあるという情報を重視する，という判断であれば，間をとって（0.0039＋0.0038）÷2＝0.00385 を採用する。

重要ポイント

P（$x \geq A$）を標準化して P（$z \geq \dfrac{A-\mu}{\sigma}$）とする，

という説明で使った

　　　　　A や $\dfrac{A-\mu}{\sigma}$ のことを，**臨界値**という。

　臨界値とは，分布の上で特に指定した確率（分布のグラフの右はじや左はじの面積）に対応する境界の値という意味である。これ以後は，臨界値という用語を用いて，標準正規分布の応用練習をすることにしよう。

　（なお臨界値という用語は，この後正規分布に限らず，推定や検定の問題には頻繁に使われる。）

確認のためのQ&A・4.5

（*Question*）　ある会社が製造しているトランジスタ（半導体）の不良品
発生率は，平均0.00001（10万分の1），標準偏差0.000001（100
万分の1）の正規分布をする。この製品を実際に100万個作った時，
不良品が11個以上出る確率はいくらか。

（*Answer*）

$x=$不良品率$=\dfrac{不良品の数}{全製品数}$である。

この問題の不良品率の臨界値は，

$A=\dfrac{11}{1000000}=0.000011$

$P(x\geqq A)=P(x\geqq 0.000011)$

$=P\left(z\geqq \dfrac{0.000011-0.00001}{0.000001}\right)$

$=P(z\geqq 1.0)=0.1587$

100万個の製品を作って，不良品が11個以上出る確率は0.1587で
ある。

（数学の基礎）

$P(z\geqq A)$のように不等号にイコール（＝）がついている理由

＞や＜は不等号と呼ばれ，＝は等号と呼ばれる。

$x>A$は，xがAより大きい範囲を表わし「xはAより大」と読む。

$x<A$は，xがAより小さい範囲を表わし「xはAより小」と読む。

$x\geqq A$は，xがAと等しいか，またはAより大きい範囲を表わし「xはA以
上」と読む。

$x\leqq A$は，その反対で「xはA以下」と読む。

上記の説明では，不良品が11個以上であるから，$x=11$のケースも含まれ
ているから$P(x\geqq 11)$と書いてある。

〔表4.1〕　標準正規分布表：P（z≦A）

$$P（z≦A）=F（A）=\int_{-\infty}^{A}\frac{1}{\sqrt{2\pi}}e^{-\frac{1}{2}z^2}dz$$

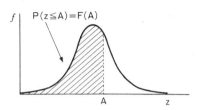

A	.00	.01	.02	.03	.04	.05	.06	.07	.08	.09
.0	.5000	.5040	.5080	.5120	.5160	.5199	.5239	.5279	.5319	.5359
.1	.5398	.5438	.5478	.5517	.5557	.5596	.5636	.5675	.5714	.5753
.2	.5793	.5832	.5871	.5910	.5948	.5987	.6026	.6064	.6103	.6141
.3	.6179	.6217	.6255	.6293	.6331	.6368	.6406	.6443	.6480	.6517
.4	.6554	.6591	.6628	.6664	.6700	.6736	.6772	.6808	.6844	.6879
.5	.6915	.6950	.6985	.7019	.7054	.7088	.7123	.7157	.7190	.7224
.6	.7257	.7291	.7324	.7357	.7389	.7422	.7454	.7486	.7517	.7549
.7	.7580	.7611	.7642	.7673	.7704	.7734	.7764	.7794	.7823	.7852
.8	.7881	.7910	.7939	.7967	.7995	.8023	.8051	.8078	.8106	.8133
.9	.8159	.8186	.8212	.8238	.8264	.8289	.8315	.8340	.8365	.8389
1.0	.8413	.8438	.8461	.8485	.8508	.8531	.8554	.8577	.8599	.8621
1.1	.8643	.8665	.8686	.8708	.8729	.8749	.8770	.8790	.8810	.8830
1.2	.8849	.8869	.8888	.8907	.8925	.8944	.8962	.8980	.8997	.9015
1.3	.9032	.9049	.9066	.9082	.9099	.9115	.9131	.9147	.9162	.9177
1.4	.9192	.9207	.9222	.9236	.9251	.9265	.9279	.9292	.9306	.9319
1.5	.9332	.9345	.9357	.9370	.9382	.9394	.9406	.9418	.9429	.9441
1.6	.9452	.9463	.9474	.9484	.9495	.9505	.9515	.9525	.9535	.9545
1.7	.9554	.9564	.9573	.9582	.9591	.9599	.9608	.9616	.9625	.9633
1.8	.9641	.9649	.9656	.9664	.9671	.9678	.9686	.9693	.9699	.9706
1.9	.9713	.9719	.9726	.9732	.9738	.9744	.9750	.9756	.9761	.9767
2.0	.9772	.9778	.9783	.9788	.9793	.9798	.9803	.9808	.9812	.9817
2.1	.9821	.9826	.9830	.9834	.9838	.9842	.9846	.9850	.9854	.9857
2.2	.9861	.9864	.9868	.9871	.9875	.9878	.9881	.9884	.9887	.9890
2.3	.9893	.9896	.9898	.9901	.9904	.9906	.9909	.9911	.9913	.9916
2.4	.9918	.9920	.9922	.9925	.9927	.9929	.9931	.9932	.9934	.9936
2.5	.9938	.9940	.9941	.9943	.9945	.9946	.9948	.9949	.9951	.9952
2.6	.9953	.9955	.9956	.9957	.9959	.9960	.9961	.9962	.9963	.9964
2.7	.9965	.9966	.9967	.9968	.9969	.9970	.9971	.9972	.9973	.9974
2.8	.9974	.9975	.9976	.9977	.9977	.9978	.9979	.9979	.9980	.9981
2.9	.9981	.9982	.9982	.9983	.9984	.9984	.9985	.9985	.9986	.9986
3.0	.9987	.9987	.9987	.9988	.9988	.9989	.9989	.9989	.9990	.9990
3.1	.9990	.9991	.9991	.9991	.9992	.9992	.9992	.9992	.9993	.9993
3.2	.9993	.9993	.9994	.9994	.9994	.9994	.9994	.9995	.9995	.9995
3.3	.9995	.9995	.9995	.9996	.9996	.9996	.9996	.9996	.9996	.9997
3.4	.9997	.9997	.9997	.9997	.9997	.9997	.9997	.9997	.9997	.9998
3.6	.9998	.9998	.9999	.9999	.9999	.9999	.9999	.9999	.9999	.9999
3.9	1.0000									

〔表 4.2〕 標準正規分布表：P（z≧A）

$$P（z≧A）=F（A）=\int_{A}^{\infty}\frac{1}{\sqrt{2\pi}}e^{-\frac{1}{2}z^2}dz$$

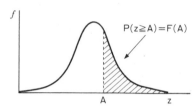

A	.00	.01	.02	.03	.04	.05	.06	.07	.08	.09
.0	.5000	.4960	.4920	.4880	.4840	.4801	.4761	.4721	.4681	.4641
.1	.4602	.4562	.4522	.4483	.4443	.4404	.4364	.4325	.4286	.4247
.2	.4207	.4168	.4129	.4090	.4052	.4013	.3974	.3936	.3897	.3859
.3	.3821	.3783	.3745	.3707	.3669	.3632	.3594	.3557	.3520	.3483
.4	.3446	.3409	.3372	.3336	.3300	.3264	.3228	.3192	.3156	.3121
.5	.3085	.3050	.3015	.2981	.2946	.2912	.2877	.2843	.2810	.2776
.6	.2743	.2709	.2676	.2643	.2611	.2578	.2546	.2514	.2483	.2451
.7	.2420	.2389	.2358	.2327	.2296	.2266	.2236	.2206	.2177	.2148
.8	.2119	.2090	.2061	.2033	.2005	.1977	.1949	.1922	.1894	.1867
.9	.1841	.1814	.1788	.1762	.1736	.1711	.1685	.1660	.1635	.1611
1.0	.1587	.1562	.1539	.1515	.1492	.1469	.1446	.1423	.1401	.1379
1.1	.1357	.1335	.1314	.1292	.1271	.1251	.1230	.1210	.1190	.1170
1.2	.1151	.1131	.1112	.1093	.1075	.1056	.1038	.1020	.1003	.0985
1.3	.0968	.0951	.0934	.0918	.0901	.0885	.0869	.0853	.0838	.0823
1.4	.0808	.0793	.0778	.0764	.0749	.0735	.0721	.0708	.0694	.0681
1.5	.0668	.0655	.0643	.0630	.0618	.0606	.0594	.0582	.0571	.0559
1.6	.0548	.0537	.0526	.0516	.0505	.0495	.0485	.0475	.0465	.0455
1.7	.0446	.0436	.0427	.0418	.0409	.0401	.0392	.0384	.0375	.0367
1.8	.0359	.0351	.0344	.0336	.0329	.0322	.0314	.0307	.0301	.0294
1.9	.0287	.0281	.0274	.0268	.0262	.0256	.0250	.0244	.0239	.0233
2.0	.0228	.0222	.0217	.0212	.0207	.0202	.0197	.0192	.0188	.0183
2.1	.0179	.0174	.0170	.0166	.0162	.0158	.0154	.0150	.0146	.0143
2.2	.0139	.0136	.0132	.0129	.0125	.0122	.0119	.0116	.0113	.0110
2.3	.0107	.0104	.0102	.0099	.0096	.0094	.0091	.0089	.0087	.0084
2.4	.0082	.0080	.0078	.0075	.0073	.0071	.0069	.0068	.0066	.0064
2.5	.0062	.0060	.0059	.0057	.0055	.0054	.0052	.0051	.0049	.0048
2.6	.0047	.0045	.0044	.0043	.0041	.0040	.0039	.0038	.0037	.0036
2.7	.0035	.0034	.0033	.0032	.0031	.0030	.0029	.0028	.0027	.0026
2.8	.0026	.0025	.0024	.0023	.0023	.0022	.0021	.0021	.0020	.0019
2.9	.0019	.0018	.0018	.0017	.0016	.0016	.0015	.0015	.0014	.0014
3.0	.0013	.0013	.0013	.0012	.0012	.0011	.0011	.0011	.0010	.0010
3.1	.0010	.0009	.0009	.0009	.0008	.0008	.0008	.0008	.0007	.0007
3.2	.0007	.0007	.0006	.0006	.0006	.0006	.0006	.0006	.0005	.0005
3.3	.0005	.0005	.0005	.0004	.0004	.0004	.0004	.0004	.0004	.0003
3.4	.0003	.0003	.0003	.0003	.0003	.0003	.0003	.0003	.0003	.0002
3.6	.0002	.0002	.0001	.0001	.0001	.0001	.0001	.0001	.0001	.0001
3.9	.0000									

第4章の練習問題

1. 受験生の成績の目安に利用されている「偏差値」は，戦後日本の受験戦争を深刻なものにして来たが，実は，次のような指標である。Xを個人の成績とすると，

偏差値 $Y = 10 \times \dfrac{X - \mu}{\sigma} + 50$（$= 10 \times z + 50$）

という式で計算される人工的な成績指標である。XとYの母集団の分布は正規分布であるとする。

（*Question 1*）　偏差値が80以上の者は何パーセントいることになるか。
（*Answer 1*）

「偏差値80以上」を標準化する。

$Y \geq 80$

$80 \leq 10 \times z + 50$　　より $z \geq 3$

したがって求める確率は　　$P（z \geq 3.0）$

正規分布表より

$= 0.0013$

したがって偏差値80以上の者は0.13％いることがわかる。

（*Question 2*）　偏差値が60以上80未満の者は何パーセントいることになるか。
（*Answer 2*）

「偏差値60以上80未満」を標準化する。

$60 \leq Y < 80$

$60 \leq 10 \times z + 50 < 80$　　より $1 \leq z < 3$

よって確率は　　$P（1.0 \leq z < 3.0）$

正規分布表より

$= 0.9987 - 0.8413 = 0.1574$

したがって偏差値が60以上80未満の者は15.74％いる。

(*Question 3*)　偏差値が40以上60未満の者は何パーセントいるか。

(*Answer 3*)

「偏差値40以上60未満」を標準化する。

$40 \leqq Y < 60$

$40 \leqq 10 \times z + 50 < 60$　　より$-1 \leqq z < 1$

よって確率は　　P$(-1.0 \leqq z < 1.0)$

正規分布表より

$$= (0.8413 - 0.5) \times 2 = 0.6826$$

したがって偏差値40以上60未満の者は，68.26%いる。

(*Question 4*)　偏差値が20以上40未満の者は何パーセントいるか。

(*Answer 4*)

「偏差値20以上40未満」を標準化する。

$20 \leqq Y < 40$

$20 \leqq 10 \times z + 50 < 40$　　より$-3 \leqq z < -1$

よって確率は　　P$(-3.0 \leqq z < -1.0)$

　　　　　　　　$= P(1.0 < z \leqq 3.0)$

正規分布表より

$$= 0.9987 - 0.8413$$

$$= 0.1574$$

したがって偏差値20以上40未満の者は，15.74%いる。

2. 平均0と分散1をもつ正規分布からzを無作為に抽出した結果，
確率P$(-Z \leqq z \leqq Z)$が次のようになるような臨界値Zの値を求めよ。

(1)0.99　(2)0.98　(3)0.95　(4)0.90

(*Answer*)

(1)　$1 - \dfrac{1 - 0.99}{2} = 0.995$

　P$(z \leqq Z) = 0.995$　　　　　　　$\begin{bmatrix} 正規分布表よりP(z \leqq 2.57) = 0.9949 \\ P(z \leqq 2.58) = 0.9951 \end{bmatrix}$

　$Z = 2.575$　　　　　　　ここでは上記2つの臨界値の中間を採用する

(2)　$1-\dfrac{1-0.98}{2}=0.99$

　　$P\ (z\leqq Z)=0.99$　　　　　　$\left[\begin{array}{l}\text{正規分布表より}\ P\ (z\leqq 2.32)=0.9898\\ \qquad\qquad\qquad P\ (z\leqq 2.33)=0.9901\end{array}\right]$

　　$Z=2.325$

(3)　$1-\dfrac{1-0.95}{2}=0.975$

　　$P\ (z\leqq Z)=0.975$　　　　　$\left[\text{正規分布表より}\ P\ (z\leqq 1.96)=0.9750\right]$

　　$Z=1.960$

(4)　$1-\dfrac{1-0.9}{2}=0.95$

　　$P\ (z\leqq Z)=0.95$　　　　　　$\left[\begin{array}{l}\text{正規分布表より}\ P\ (z\leqq 1.64)=0.9495\\ \qquad\qquad\qquad P\ (z\leqq 1.65)=0.9505\end{array}\right]$

　　$Z=1.645$

3. ある学校の入学試験に 500 人の応募があった。試験の結果，100 点満点で平均点は 70 点，標準偏差は 5 点であった。上位の 300 人を合格とするとき，何点以上が合格となるか。ただし，受験生の得点は正規分布に従うと仮定する。

(*Answer*)

　　$\mu=70,\ \sigma=5$

　　点数を x とすると，

　　$\dfrac{500-300}{500}=0.4=P\ (\dfrac{x-70}{5}\leqq Z)=P\ (\dfrac{x-70}{5}\leqq -0.255)$

　　　　　　　　　　　$\left[\begin{array}{l}\text{正規分布表より}\ P\ (z\leqq 0.25)=0.5987\\ \qquad\qquad\qquad P\ (z\leqq 0.26)=0.6026\end{array}\right]$

　　したがって，$\dfrac{x-70}{5}=-0.255$ から，$x=68.725$　　∴69 点以上

4. ある郊外の住宅街で，年収 1,000 万円から 2,000 万円の家計の 1 家族当たりの月間食費支出は，近似的に平均 20 万円，標準偏差 2 万円の正規分布に従う。

(*Question 1*)　月間食費支出が 25 万円以上の家計は何パーセントを占めるか。

(*Answer 1*)　$P\left(z \geq \dfrac{25-20}{2}\right) = P(z \geq 2.5) = 0.0062$

したがって 0.62%

(*Question 2*)　15 万円未満の月間食費を支出している家計は，これらの中の何パーセントを占めるか。

(*Answer 2*)　$P\left(z < \dfrac{15-20}{2}\right) = P(z < -2.5)$

$$= P(z \geq 2.5) = 0.0062$$

したがって 0.62%

(*Question 3*)　A さんの家計は，月間食費支出が多いが，その A さんの家計よりもさらに月間食費支出が多い家計が全体の 10% いるという。A さんの家計の月間食費支出はいくらであろうか。

(*Answer 3*)　$0.1 = P(z \geq 1.285)$ なので，

$$\left[\begin{array}{l} \text{正規分布表より } P(z \geq 1.28) = 0.1003 \\ \qquad\qquad\qquad P(z \geq 1.29) = 0.0985 \end{array} \right]$$

$$1.285 = \frac{x-20}{2}$$

$x = 22.57$　∴22 万 5700 円

第5章　標本平均の分布と母平均の推定

5.1　統計的有意性

⑴　「有意である」・「有意でない」

　前のページの復習の最後の二行をもう一度見よ。統計学では「よく起こる現象」と「めったに起こらない現象」の区別がある。

　統計学では「めったに起こらないほど大きな値である」ことを「有意に大きい」と表現する。

　さらに一般化すると，めったに起こらないほど大きい（または小さい）ことを，「有意である」という。

　正規分布をする変数の変数値（観測値）が極端に大きいという確率は，非常に小さい。同様に，変数値（観測値）が極端に小さいという確率も非常に小さい。このことを「有意である」という。

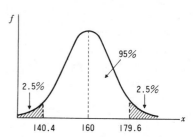

　このことを分布のグラフを使って
　見てみると，右図のようになる。
　右の図は，例として16〜20歳の
　女性の身長の分布 x：N$(160,10^2)$
　を図示したものである。
（図の解説）

・16〜20歳の女性の身長は x：N$(160,\ 10^2)$ の正規分布をしている。

・右端の斜線部分：身長が179.6cm以上である確率は0.025(2.5%)である。
　　　　　　　　　179.6cm 以上の身長は「有意に大きい」身長である。

・左端の斜線部分：身長が140.4cm以下である確率は0.025(2.5%)である。
　　　　　　　　　140.4cm 以下の身長は「有意に小さい」身長である。

・中央の白地の部分：身長が 140.4cm から 179.6cm の間の値となる確率は
　　　　　　　　　0.95（95%）である。
　　　　　　　　　140.4cm から 179.6cm の間の身長は「有意でない」大
　　　　　　　　　きさである。

「統計的に有意」ということ

統計学の考え方では，前ページの図の右端の確率 0.025（2.5％）の斜線部分に相当する x の値（つまり $x \geq 179.6$）を，「極端に大きい値」であると考える。また，図の左端の，確率 0.025（2.5％）の斜線部分に相当する x の値（つまり $x \leq 140.4$）を，「極端に小さい値」であると考える。

この「極端に大きい値」と「極端に小さい値」は，ただデータの値が極端に大きい（または小さい）だけではなく，そのような現象が起こる**確率も非常に小さい**。これを，確率の式で書いてみると，

$$\mathrm{P}\,(x \geq 179.6) = 0.025$$
$$\mathrm{P}\,(x \leq 140.4) = 0.025$$

のように，0.025 の小さな確率でしか起こらない。

統計学では，このように「小さな確率でしか起こらない，極端に大きな値（または極端に小さな値）」のことを，**x は統計的に有意である**（省略して「**x は有意である**」）という。

これに対して，図の白地の部分の確率 0.95（95％）に相当する，$140.4 < x < 179.6$ の範囲の x の値は，「よく起こる値」である。このことを統計学の用語で **x は統計的に有意でない**（省略して「**x は有意でない**」）という。

有意であるは，英語では significant という。

有意でないは，英語では insignificant という。

重要	**有意である（significant）**	
	極端に大きいデータ	確率が非常に小さい
	極端に小さなデータ	確率が非常に小さい
	有意でない（insignificant）	
	普通の大きさのデータ	確率が大きい

(2) 信頼係数・有意水準

信頼係数を設定する

上の例では，有意か，有意でないかの判断の根拠になったのは，95%という確率であった。よくあることが起こる確率，すなわち有意でないことが起こる確率を95%と恣意的に設定したのである。

この恣意的に設定した，「普通によくある大きさが現れる確率」，すなわち「有意でないことが起こる確率」のことを**信頼係数**（confidence coefficient）という。

信頼係数は恣意的に設定する。すなわち，研究分野や業務分野に応じて必要とする精度を設定する。

もし，「めったに起こらないデータ」あるいは「異常なデータ」と判定する範囲を厳しくしようと思えば，図の斜線部分を小さめにとればよい。そのためには，図の白地の部分を大きめにとればよい。そのためには，信頼係数は大きめにとればよい。

通常の社会科学的な研究や経営実務等では，信頼係数は，90%，95%，または99%に設定する。

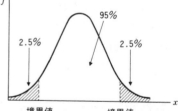

非常に厳しくする場合は	99%
中位の厳しさの場合は	95%
非常に緩くする場合は	90%

信頼係数を設定したら，図の斜線部分と白地部分の境界の x の値を計算する（実際には正規分布表から読み取る）ことができる。

この境界値のことを，**信頼限界**（confidence limit）という。

大きい方の信頼限界（グラフの右端）を**上方信頼限界**（**upper confidence limit**）という。

小さい方の信頼限界（グラフの左端）を**下方信頼限界**（**lower confidence limit**）という。

両者の間を**信頼区間**（**confidence interval**）という。

　また，**信頼係数**の裏返しで，めったに起こらないことが起こる確率のことを**有意水準**（**significance level**）という。これは，1から**信頼係数**を差し引いた値である。

　信頼係数は，主として後述の**推定**の際に使う用語である。

　有意水準は，主として後述の**検定**の際に使う用語である。

　しかし，推定や検定以外の場合にも，適宜この用語を用いる。

信頼限界の求め方：標準正規分布 z を利用する

　実例1　x：N（160, 10^2）の身長の分布で上方信頼限界と下方信頼限界を計算する。

Step 1　まず母平均 μ，母標準偏差 σ の値を確認する。

$$（\mu=160 \quad \sigma=10）$$

Step 2　信頼係数を設定する。

　　　　（95%(0.95) と設定しよう。）

Step 3　正規分布の上で，右側と左側の有意な部分の確率を次のように計算する。

$$（1-0.95）\times \frac{1}{2} =0.025$$

　　　　分布の中央部分の面積が 0.95 であるから，残りの両端の斜線部の面積の合計は（1-0.95）となる。

　　　　片側はそれぞれ（1-0.95)×(1/2) である。

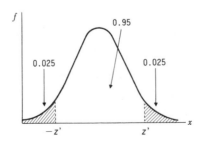

Step 4　確率 0.025 に対応する標準正規変数 z の信頼限界 A を，〔正規分布表〕から読み取る。

　　　すなわち，P(z≧A)＝0.025 の A を，〔表 4.2〕から読み取る。〔表 4.2〕には確率（図の斜線部分の面積）が書いてあるのだから 0.0250 という確率を表の中から探す。

　　　0.0250 が見つかったら，その表側と表頭を読み取る。

　　　表側 1.9，表頭 0.06 と読みとれる。これをたして 1.96(＝1.9＋0.06)

　　　したがって，確率 0.025 に対応する A は，1.96 であることがわかる。

　　　P(z≧A)＝0.025 に対応する A(上方信頼限界) は 1.96 である。

　　　P(z≦−A)＝0.025 に対応する −A(下方信頼限界) は −1.96 である。

Step 5　次のようにして，A を X に戻す。

$$A = \frac{X-\mu}{\sigma} \rightarrow X-\mu=\sigma A \rightarrow X=\sigma A+\mu$$

　　　（上方信頼限界）

　　　　X＝1.96×10＋160＝179.6

　　　　したがって，P (z≧1.96) ＝0.025 と同じことを X を使って書くと

　　　　　　　　　　P (X≧179.6) ＝0.025

　　　（下方信頼限界）

　　　　X＝−1.96×10＋160＝140.4

　　　　したがって，P (z≦−1.96) ＝0.025 と同じことを X を使って書くと

　　　　　　　　　　P (X≦140.4) ＝0.025

Step 6　以上からわかったことは，信頼係数 95％に対応する **z** の**上方信頼限界**は 1.96，**z** の**下方信頼限界**は −1.96 である。

　　　X の**上方信頼限界**は 179.6cm，**X** の**下方信頼限界**は 140.4cm である。

確認のためのQ&A・5.1

(*Question*)　16〜20歳の男性の身長は $x : N$（170，11^2）の正規分布を することがわかっているとしよう。

信頼係数95%のもとで，上方信頼限界（大きい方の信頼限界）と 下方信頼限界（小さい方の信頼限界）を計算しなさい。

(*Answer*)　z の上方信頼限界を求める。

P（$z \geq A$）＝0.025，〔表4.2〕を見ると，A＝1.96

P（$z \geq 1.96$）＝0.025

A を X に戻す。

$$\frac{X-170}{11} = 1.96 \qquad X = 1.96 \times 11 + 170 = 191.56$$

これが x の上方信頼限界

z の下方信頼限界を求める。

P（$z \leq -A$）＝0.025

この $-A$ の値は〔表4.1〕にも〔表4.2〕にもない。

P（$z \leq -A$）＝P（$z \geq A$）＝0.025

A は〔表4.2〕から1.96

したがって，$-A = -1.96$

A を X に戻す。

$$\frac{X-170}{11} = -1.96 \qquad X = -1.96 \times 11 + 170 = 148.44$$

これが x の下方信頼限界

確認のためのQ&A・5.2

（*Question*）　16～20歳の女性の身長は$x：N（160，10^2）$の正規分布をすることがわかっているとしよう。

　　身長180cmは，信頼係数95％のもとで有意な大きさか。

（*Answer*）　信頼係数95％であるから，図を書いて，

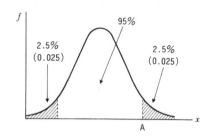

　　$x＝180$cmが右端の斜線部分の中に入っているかどうかを判断すればよい。

　　　それには，境界値（Xの大きさ）を求め，$x＝180$と比較する。

　　　　　180がXより右にあれば（$x≧X$ならば）有意である。

　　　　　180がXより左にあれば（$x＜X$ならば）有意でない。

　　　境界値Xを求めるには，標準正規分布で$P(z≧A)＝0.025$のAを求める。〔表4.2〕から$A＝1.96$と読み取ることができる。

　　$A＝1.96$をXに変換する

$$\frac{X－160}{10}＝1.96 \qquad X＝1.96×10＋160＝179.6$$

180とX＝179.6を比べると180はX＝179.6より大きい（$180≧X$）。

したがって180は95％信頼係数のもとで有意な大きさである。

5.2　標本平均 $\overline{X}$ の分布

頭の切り替え

第4章の4.2節と第5章の5.1節では，正規分布をする母集団について学んだ。**4.2 正規分布**では正規分布の性質，特に正規分布は標準化できることを学んだ。**5.1 統計的有意性**では，標準正規分布の方法を利用して，統計的有意性を判定する方法を学んだ。

この5.2節では，標本平均 $\overline{X}$ が正規分布をするということを学ぶ。この性質を利用すると，次の5.3節で**母平均の推定**ができるようになる。

(1)　標本平均 $\overline{X}$ を計算する作業の復習

第1章で，母集団から標本を抽出するテクニックを学んだ。

第2章では，その標本から標本平均 $\overline{X}$ を計算するテクニックを学んだ。

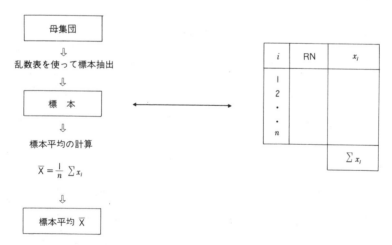

(2)　標本平均 $\overline{X}$ の分布は正規分布をする

上のような標本抽出→標本平均 $\overline{X}$ の計算を多数回繰り返すと，多数の $\overline{X}$ が得られる。その $\overline{X}$ は大小さまざまの値になる。つまり $\overline{X}$ は分布をする。

$\overline{X}$ の分布の図を書いてみると，母集団が正規分布でも，正規分布でなくても $\overline{X}$ の分布は正規分布をする。

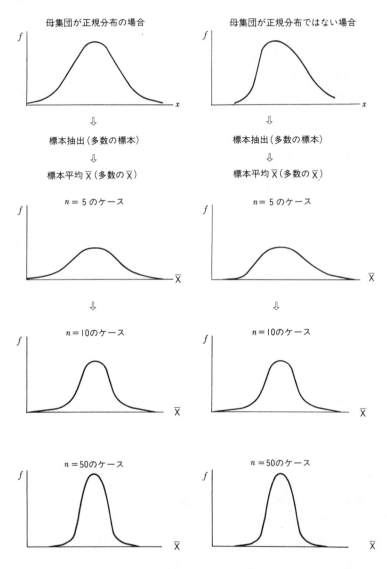

標本平均 $\overline{X}$ の分布は正規分布をする

$\overline{X}$ の分布の形は正規分布である。母集団が正規分布であるか否かにかかわらず正規分布に近い形の分布をする！

正確に言うと，$\overline{X}$ の分布は標本サイズ n が大きくなるにつれて，本物の正規分布に近づく。

また標本の数が大きくなるにつれて本物の正規分布に近づく。

標本サイズ $n=5$ のように n が小さい場合は，母集団が正規分布であれば，正規分布に従う。

(3)　**標本平均 $\overline{X}$ の分布の平均と標準偏差**

標本平均 $\overline{X}$ は，上記のような正規分布をするが，その平均と標準偏差には重要な性質がある。

標本平均 $\overline{X}$ の分布の平均

実測値は $\overline{\overline{X}}$ と書く。($\overline{X}$ の平均，という意味でもう一本バー（"－"）を付ける。)

理論的な記号は $\mu_{\overline{x}}$ と書く。($\overline{X}$ の平均(μ)という意味で，$\mu_{\overline{x}}$ と書く。)

（重要な性質）：$\mu_{\overline{x}}$ は母集団の平均（母平均）μ に等しい。$\mu_{\overline{x}}=\mu$

標本平均 $\overline{X}$ の分布の標準偏差

実測値は $s_{\overline{x}}$ と書く。理論的な記号は $\sigma_{\overline{x}}$ と書く。

（重要な性質）

　　無限母集団の場合には，

　　$\sigma_{\overline{x}}$ は母集団の標準偏差の $\dfrac{1}{\sqrt{n}}$ に等しくなる。

　　$\sigma_{\overline{x}}=\dfrac{\sigma}{\sqrt{n}}$ （σ は母集団の標準偏差，n は標本サイズ）

　　有限母集団の場合には，

　　$\sigma_{\overline{x}}=\dfrac{\sqrt{N-n}}{\sqrt{N-1}}\dfrac{\sigma}{\sqrt{n}}$ （N は有限母集団のサイズ）

要点

　元の母集団のデータ（標準化する前のデータ）がどのような分布であっても，それから標本抽出した標本サイズ n の標本の平均 $\overline{\mathrm{X}}$ は，正規分布をする。（正確には n が大きくなるにつれて正規分布に近づく。）
　$\overline{\mathrm{X}}$ の分布の平均 $\mu_{\overline{x}}$ と標準偏差 $\sigma_{\overline{x}}$ は，母平均 μ，母標準偏差 σ と次のような関係がある。

（母集団が無限母集団の場合）（母集団がサイズ N の有限母集団の場合）

$$\mu_{\overline{x}}=\mu \qquad\qquad\qquad \mu_{\overline{x}}=\mu$$

$$\sigma_{\overline{x}}=\frac{\sigma}{\sqrt{n}} \qquad\qquad \sigma_{\overline{x}}=\frac{\sqrt{\mathrm{N}-n}}{\sqrt{\mathrm{N}-1}}\ \frac{\sigma}{\sqrt{n}}$$

確認のためのQ&A・5.3

　シェパードの成犬の体重の分布の母平均 $\mu=30\mathrm{kg}$，母標準偏差 $\sigma=3\mathrm{kg}$ がわかっているとしよう。（そのような母集団の情報がわかるはずはないが，練習のためにわかっているとしよう。）

（*Question 1*）　この母集団から標本サイズ5の標本を100抽出して，標本平均の平均を測ったとしたら，それは理論的にはいくらか。

（*Answer 1*）　$\mu_{\overline{x}}=\mu$ であるから，$\mu_{\overline{x}}=30$（kg）

（*Question 2*）　標本平均の平均を実際に測ったら28.9kgであった。これを記号で書け。

（*Answer 2*）　$\overline{\overline{\mathrm{X}}}=28.9$（kg）

（*Question 3*）　標本平均の標準偏差は理論的にはいくらか。（母集団のサイズは無限大，標本サイズは5）

（*Answer 3*）

$$\sigma_{\overline{x}}=\frac{\sigma}{\sqrt{n}}=\frac{3}{\sqrt{5}}=1.342\ (\mathrm{kg})$$

確認のためのQ&A・5.4

シェパードの成犬の体重の母平均も母標準偏差もわからないとしよう。

（わからないのが普通である。）

無限母集団から標本サイズ $n=5$ の標本を 100 抽出して，標本平均 $\overline{\mathrm{X}}$ の平均 $\overline{\overline{\mathrm{X}}}$ を観測したら 32kg であった。また，その標準偏差 $s_{\overline{\mathrm{x}}}$ は 1.5kg であった。

（*Question 1*）　要するにシェパード犬の何を知りたいのか？

（*Answer 1*）　すべてのシェパード犬の平均体重（母平均 μ）とすべての体重の標準的なちらばり（母標準偏差 σ）を知りたい。

（*Question 2*）　すべてのシェパード犬の体重をはかることはできるのか？

（*Answer 2*）　この世のすべてのシェパード犬の体重をはかることは不可能である。

　　　　そこで 5 匹のシェパード犬の体重を測定して標本とした。

（*Question 3*）　$\overline{\mathrm{X}}=32\mathrm{kg}$ の情報だけをもとにすれば母平均はいくらと推測できるか。

（*Answer 3*）　$\overline{\overline{\mathrm{X}}}\fallingdotseq\mu_{\overline{\mathrm{x}}}=\mu$ であるから，$\mu=32\mathrm{kg}$

（*Question 4*）　$s_{\overline{\mathrm{x}}}=1.5\mathrm{kg}$ の情報だけをもとにすれば母標準偏差 σ はいくらと推測できるか。

（*Answer 4*）

$$s_{\overline{\mathrm{x}}}\fallingdotseq\sigma_{\overline{\mathrm{x}}}=\frac{\sigma}{\sqrt{n}} \text{であるから，} \frac{\sigma}{\sqrt{n}}=1.5$$

$$\frac{\sigma}{\sqrt{5}}=1.5$$

$$\sigma=1.5\times\sqrt{5}=3.354\mathrm{kg}$$

⑷　中心極限定理

第4章で学んだ標準化した正規分布の知識と，前のページまでに学んだばかりの，標本平均の分布は正規分布に近づくということを結び合わせると**中心極限定理**と呼ばれる次のような法則になる。

中心極限定理

　いかなる分布でも，その標本平均 $\overline{\mathrm{X}}$ は，標本サイズ n が大きくなるにつれて，平均 μ，標準偏差 $\sigma/\sqrt{n}$ の正規分布に近づく。

このことは，次のようにも表現できる。

中心極限定理

　いかなる分布でも，その標本平均 $\overline{\mathrm{X}}$ を標準化した

$$z=\frac{\overline{\mathrm{X}}-\mu}{\sigma/\sqrt{n}}$$

は，標本サイズ n が大きくなるにつれて，

　　　平均 0，標準偏差 1 の正規分布に近づく。

上の2つは，どちらも同じことを言っている。

特に注意！

上の2つの囲みの中の書き出しの「いかなる分布でも」に注意！　「母集団が正規分布であっても，なくても」という意味である。

中心極限定理が成り立つことを発見したのはラプラス（Laplace）である。偉大な発見である！

なぜなら，この法則が発見されたおかげで，正規分布をしないさまざまな現象を正規分布の理論を用いて推計したり，検定したりすることが可能になったからである。

5.3　母平均 μ の推定

⑴　母数の推定という統計分析手法

これまで統計学の基本をいろいろと学んできた。それは基本の学習であった。ここから，いよいよ応用らしい応用が始まる。

その第一歩が**母数の推定**である。

母数（parameter）とは，母集団の特性値のことである。

具体的には次の 2 つが最も重要かつ代表的な母数である。

母平均　μ　　母標準偏差　σ

推定（estimation）とは，実際には測ることができないものを，統計学の理論を使って推計することである。母平均 μ や母標準偏差 σ はわからないから推定する必要がある。

母数の推定の種類

この統計学入門では，次のような母数の推定方法を学ぶ。

$$
\left\{
\begin{array}{l}
\text{母平均 } \mu \text{ の推定}
\left\{
\begin{array}{l}
\text{母標準偏差 } \sigma \text{ が既知の場合（A－1）}\\[4pt]
\text{母標準偏差 } \sigma \text{ が未知の場合}
\left\{
\begin{array}{l}
\text{小標本の場合（A－2）}\\[4pt]
\text{大標本の場合（A－3）}
\end{array}
\right.
\end{array}
\right.\\[20pt]
\text{母標準偏差 } \sigma \text{ の推定（B－1）}
\end{array}
\right.
$$

⑵　母平均 μ の区間推定 ── 母標準偏差 σ が既知の場合（A－1）

考え方の特徴

今から学ぼうとしている方法は，次のような考え方の特徴を持っている。

⑴　母集団がどのような分布でも（正規分布であってもなくても）

⑵　それから取り出した標本平均 $\overline{\mathrm{X}}$ は，中心極限定理に従って，$z : N（0, 1^2）$ の正規分布に近づく。

⑶　この性質を利用して母平均 μ を区間推定しようというものである。

実例

16～20歳の女性の身長の母平均 μ を推定したい。

今までは，母平均 μ も母標準偏差 σ も既知の実例を使ってきた。今度は μ は未知である問題をあつかう。

ただし，何らかの情報によって母標準偏差 σ は 10cm であることがわかっている，とする。

推定方法の基本理論（基本的考え方）

(1) 標本平均 $\overline{\mathrm{X}}$ は，次のように標準化できる，ということを思い出す。

$$z = \frac{\overline{\mathrm{X}} - \mu_{\overline{\mathrm{x}}}}{\sigma_{\overline{\mathrm{x}}}} \cdots\cdots(1)$$

> （注意）　$z = \dfrac{\mathrm{X} - \mu}{\sigma}$ と $z = \dfrac{\overline{\mathrm{X}} - \mu_{\overline{\mathrm{x}}}}{\sigma_{\overline{\mathrm{x}}}}$ は違う。
>
> 左の式は元のデータ X を標準化したもの。この時は X の分布の母平均は μ，母標準偏差は σ。右の式は標本平均 $\overline{\mathrm{X}}$ を標準化したもの。この時は $\overline{\mathrm{X}}$ の分布の平均は $\mu_{\overline{\mathrm{x}}}$，標準偏差は $\sigma_{\overline{\mathrm{x}}}$

(2) 標本平均 $\overline{\mathrm{X}}$ の平均 $\mu_{\overline{\mathrm{x}}}$ は，$\mu_{\overline{\mathrm{x}}} = \mu$，標準偏差 $\sigma_{\overline{\mathrm{x}}}$ は，$\sigma_{\overline{\mathrm{x}}} = \dfrac{\sigma}{\sqrt{n}}$ であったことを思い出し，これを使って(1)式を書き直すと，

$$z = \frac{\overline{\mathrm{X}} - \mu}{\sigma/\sqrt{n}} \cdots\cdots(2)$$

この(2)式で未知数は μ だけである。あとは全部わかっている。

$\overline{\mathrm{X}}$ ——— 観測された値　　　（$\overline{\mathrm{X}} = 158$cm）

σ ——— 与えられた既知数　（$\sigma = 10$）

n ——— 標本サイズ　　　（$n = 5$）

z ——— 〔表 4.1〕，〔表 4.2〕からわかる。

（信頼係数 95％ならば，上下および下方信頼限界 $z = 1.96$）

(3)　μ の**下方信頼限界**（記号 μ_{L} : μ の Lower limit）

$$\mu_{\mathrm{L}} = \overline{\mathrm{X}} - z\sigma / \sqrt{n}$$

$$\mu_{\mathrm{L}} = 158 - 1.96 \times 10 / \sqrt{5}$$

　　μ の**上方信頼限界**（記号 μ_{U} : μ の Upper limit）

$$\mu_{\mathrm{U}} = \overline{\mathrm{X}} + z\sigma / \sqrt{n}$$

$$\mu_{\mathrm{U}} = 158 + 1.96 \times 10 / \sqrt{5}$$

(4)　母平均 μ の区間推定値は，

$$\overline{\mathrm{X}} - z\sigma / \sqrt{n} \leqq \mu \leqq \overline{\mathrm{X}} + z\sigma / \sqrt{n}$$

$$158 - 1.96 \times 10 / \sqrt{5} \leqq \mu \leqq 158 + 1.96 \times 10 / \sqrt{5}$$

$$149.2346 \leqq \mu \leqq 166.7654$$

信頼係数が 0.95 であることも含めて表示する場合には次のように書く。

$$\mathrm{P}\,(\overline{\mathrm{X}} - z\sigma / \sqrt{n} \leqq \mu \leqq \overline{\mathrm{X}} + z\sigma / \sqrt{n}) = 0.95$$

$$\mathrm{P}\,(149.23 \leqq \mu \leqq 166.77) = 0.95$$

　このことを，研究報告書や分析報告書の一部として書く時には，次のように書くとよい。

① | $\mathrm{P}\,(149.23 \leqq \mu \leqq 166.77) = 0.95$ |

　　をそのまま書くか，あるいは

② | 母平均の区間推定結果は信頼係数 95% のもとで 149.23cm $\leqq \mu \leqq$ 166.77cm である。 |

　　あるいは，

③ | 母平均の 95% 上方信頼限界は 166.77cm 下方信頼限界は 149.23cm |

　　以上①，②，③のいずれかを書けばよい。

確認のためのQ&A・5.5

　ある山林の材木を全部一括で買い取りたい。この山の木は 50 年前に一斉に植えたものであるが，高いものも低いものもある。営林署の統計から，この山の木の高さの標準偏差は $\sigma=1.2$m であることがわかっている。

　10 本の標本抽出を行ない，高さを測ったら平均 $\overline{X}=14.8$m であった。この山の木の高さの平均を 95％信頼係数のもとで区間推定せよ。

（*Answer*）

　　　95％信頼係数に対応する z は 1.96

　　　$\overline{X}=14.8$, $\sigma=1.2$, $n=10$

　　　μ の上方・下方限界は

　　　　$\mu_U=\overline{X}+z\sigma/\sqrt{n}=14.8+1.96\times1.2/\sqrt{10}=15.54$

　　　　$\mu_L=\overline{X}-z\sigma/\sqrt{n}=14.8-1.96\times1.2/\sqrt{10}=14.06$

　　　区間推定結果

　　　　P $(14.06\leqq\mu\leqq15.54)=0.95$

　　この山の木の高さの母平均は 14.06m$\leqq\mu\leqq15.54$m である。

　　ただし，信頼係数 0.95。

要点整理　母標準偏差が既知の場合の，母平均 μ の区間推定方法

(1)　標本平均 $\overline{X}$ を観測する。

(2)　信頼係数を決め，それに対応する z の上方・下方信頼限界を正規分布表から求める。

(3)　μ の上方信頼限界は，$\mu_U=\overline{X}+z\sigma/\sqrt{n}$

　　　μ の下方信頼限界は，$\mu_L=\overline{X}-z\sigma/\sqrt{n}$

(4)　改めて 95％信頼区間を書く。

　　〈書き方1〉　　　$\mu_L\leqq\mu\leqq\mu_U$（ただし，信頼係数 95％）

　　〈書き方2〉　　　P $(\mu_L\leqq\mu\leqq\mu_U)=0.95$

　　　　　　　　注意：分析目的により，99％や90％のこともある。

確認のためのQ&A・5.6

ある電機メーカーが製造している電球の平均寿命を区間推定して，広告用パンフレットに書き込みたい。今までの経験で，母標準偏差 $\sigma = 150$ 時間であることがわかっている。この製品の中から標本として 100 本を抜き取り，検査（寿命の測定）をしたところ，標本平均 $\overline{X} = 2520$ 時間であった。母平均 μ を 95％信頼係数を使って区間推定せよ。

（*Answer*） 信頼係数 0.95 に対応する z の上方信頼限界と下方信頼限界を〔表4.1〕から読み取ると，

$z = 1.96$

$\overline{X} = 2520$　$n = 100$ であるから

μ の上方信頼限界：$\mu_U = \overline{X} + z\sigma/\sqrt{n}$

$$= 2520 + 1.96 \times \frac{150}{\sqrt{100}} = 2549.4$$

μ の下方信頼限界：$\mu_L = \overline{X} - z\sigma/\sqrt{n}$

$$= 2520 - 1.96 \times \frac{150}{\sqrt{100}} = 2490.6$$

この電球の寿命の母平均の 95％信頼係数のもとでの区間推定結果は，
2490.6 時間 $\leq \mu \leq$ 2549.4 時間

　確認のための Q&A・5.6 を，95％信頼係数ではなく 90％信頼係数にして，母平均 μ の区間推定をしてみよう。上方信頼限界と下方信頼限界の間が小さくなるはずである。

　反対に信頼度を厳しくして，99％にしてみよう。上方信頼限界と下方信頼限界の間はひろがるはずである。（ただし，〔表4.1〕では，ちょうど99％，あるいは90％に対応する信頼限界を読み取ることはできない。補間推計が必要である。）

(3) 母平均 μ の点推定

通常は信頼区間の形で推定結果を表示することが多いが，**点推定**の方法で推定結果を表示することもある。その場合は次のようにする。

要点

(1) $\overline{X}$ を μ の推定値として表示し，

(2) $\overline{X}$ には $\pm z \cdot \sigma/\sqrt{n}$ の**誤差**があることを表示する。

確認のためのQ&A・5.7

ある電機メーカーが製造している電球の平均寿命を推定して，広告用パンフレットに書き込みたい。今までの経験で，母標準偏差 $\sigma = 150$ 時間であることがわかっているとする。この製品の中から標本として 100 本を抜き取り検査をしたら，標本平均 $\overline{X} = 2520$ 時間であった。母平均 μ を点推定の形で表示せよ。

(*Answer*)

母平均の点推定値は，$\mu = 2520$

信頼係数 0.95 に対応する z の信頼限界を〔表 4.2〕から読み取る。

$z = 1.96$

誤差を計算する。

誤差 $= \pm z\sigma/\sqrt{n} = \pm 1.96 \times 150 / \sqrt{100} = \pm 29.4$

点推定結果

この製品の寿命の母平均は 2520 時間である。

その誤差は 95%信頼係数のもとで ± 29.4 時間である。

以上で，母標準偏差 σ が既知の場合の母平均 μ の推定（区間推定，点推定）の学習を終わる。

第 6 章では，母標準偏差 σ が未知の場合に挑戦することにしよう。

第5章の練習問題

1. 輸出用のオレンジの重量は過去のデータから$x : N(300, 25^2)$（単位は g）の正規分布に従うことがわかっている。輸出品は粒が揃っていなければならないので，あまりに大きいものやあまりに小さいものは除外しなければならない。大きすぎるものと小さすぎるものの判定基準として信頼係数は90%を採用することにしよう。上方および下方信頼限界を求めよ。

(*Answer*)

　　信頼係数90%の信頼限界を正規分布表から読む。

　　$z = 1.645$　　　$\left[\begin{array}{l}\text{正規分布表より，} P(z \geqq 1.64) = 0.0505, \\ P(z \geqq 1.65) = 0.0495, \text{両者の平均を採用}\end{array}\right]$

　　$P(z \geqq 1.645) = 0.05$

　　xの上方信頼限界

　　　　zをXに変換する。

　　　　$\dfrac{X - 300}{25} = 1.645$　　　$X = 1.645 \times 25 + 300 = 341.1$（g）

　　xの下方信頼限界

　　　　$\dfrac{X - 300}{25} = -1.645$　　　$X = -1.645 \times 25 + 300 = 258.9$（g）

　　したがって，258.9g以下，あるいは，341.1g以上のオレンジは除外しなければならない。

2. 上の問題で重量250gのオレンジは信頼係数95%のもとで有意に小さいといえるであろうか。

(*Answer*)

　　zの95%信頼限界を求める。　　$z = 1.96$

　　ただし，250gは平均300gより小さいことに注意せよ。

　　xの下方信頼限界

　　　　$\dfrac{X - 300}{25} = -1.96$　　　$X = -1.96 \times 25 + 300 = 251$（g）

下方信頼限界 251g と 250g を比べると 250g の方が小さい。

したがって，250g のオレンジは信頼係数 95% のもとで有意に小さい。

3. 日本の中小企業の取締役から無作為に 10 人を抽出してその月間所得を調べたところ，以下の通りであった。

    75, 65, 85, 80, 85, 90, 60, 80, 75, 65 （万円／月）

また，過去のデータから母標準偏差は $\sigma=10$（万円／月）であることがわかっている。（注意：所得の母集団が正規分布になることは少ないが，ここでは正規分布を仮定し，無限母集団としよう。）

(*Question 1*) 標本平均の標準偏差はいくらか。

(*Answer 1*)

母集団のサイズは無限大，標本はサイズ 10 である。

$$\sigma_{\bar{X}}=\frac{\sigma}{\sqrt{n}}=\frac{10}{\sqrt{10}}=3.162 \text{（万円／月）}$$

(*Question 2*) 取締役の月間所得の母平均を，信頼係数 95% のもとで点推定せよ。

(*Answer 2*)

母平均は $\mu=\mu_{\bar{X}}$ である。

上記の標本から標本平均を計算すると $\bar{X}=76.0$ である。

信頼係数 0.95 に対応する z の信頼限界は $z=1.96$

誤差を計算する。

誤差 $=\pm1.96\times10/\sqrt{10}=\pm6.2$

母平均は 76 万円である。その誤差は 95% の信頼係数のもとで，±6.2 万円である。

(*Question 3*) 信頼係数 90% のもとで，母平均を区間推定せよ。

(*Answer 3*)

母平均を区間推定する。

$$\mu_U=\bar{X}+z\times\sigma/\sqrt{n}=76.0+1.645\times10/\sqrt{10}=81.2$$
$$\mu_L=\bar{X}-z\times\sigma/\sqrt{n}=76.0-1.645\times10/\sqrt{10}=70.8$$

母平均は $70.8\leqq\mu\leqq81.2$（万円）

4.　ある製品の重さは $\sigma=20$（g）の正規分布に従うことがわかっている。

(*Question 1*)　この製品重量の平均値の推定を行ないたい。信頼係数 95% のもとで，信頼区間の幅（すなわち誤差の 2 倍）を 5（g）以下にするには，標本の大きさをどれくらいにすべきか。

(*Answer 1*)

$$誤差\times2=z\sigma\,/\,\sqrt{n}\,\times2=1.96\times20\,/\,\sqrt{n}\,\times2=5$$

$$n=\left(\frac{1.96\times20}{(5/2)}\right)^{2}=245.9$$

標本の大きさは $n=246$ にすればよい。

(*Question 2*)　製品全体の平均重量の信頼係数 90% の信頼区間の幅を 10（g）とするには，標本の大きさをどれくらいにすべきか。

(*Answer 2*)

$$誤差\times2=z\sigma\,/\,\sqrt{n}\,\times2=1.645\times20\,/\,\sqrt{n}\,\times2=10$$

$$n=\left(\frac{1.645\times20}{(10/2)}\right)^{2}=43.3$$

標本の大きさは $n=44$ にすればよい。

5.　あるエレベーター（11 人乗り）の利用客の一人一人の体重の母標準偏差は，$\sigma=10$kg であることがわかっている。利用客の中から 121 人を選んで調査したところ，標本の平均体重は 65kg であった。

(*Question*)　信頼係数 95% のもとでは，満員での総体重をどのくらいに見積もればいいか。区間推定せよ。

(*Answer*)

11 人の総体重の母標準偏差は 11 人の平均体重の標準偏差の 11 倍

$$\sigma=10\,/\,\sqrt{11}\,\times11=10\times\sqrt{11}\,=33.1662$$

標本 11 人の総体重は　$\mu_{\bar{x}}=65\times11=715$

母平均の範囲は　　　　$\mu=\mu_{\bar{x}}\pm z\cdot\sigma$

$$=715\pm1.96\times33.1662$$

$$=715\pm65.0058$$

したがって $650.0\leqq\mu\leqq780.0$

6. 今までの経験で小学校6年生の身長の標準偏差は6cmであることがわかっているとする。

(*Question 1*) 36人の6年生の身長の母平均を標本平均から推計するとき，信頼係数95%のもとでは信頼区間の幅はいくらになるか。

(*Answer 1*)

誤差＝±1.96×6／$\sqrt{36}$＝±1.96

信頼区間の幅は片側で1.96cm，両側で3.92cm

(*Question 2*) 81人の6年生の身長の標本平均から母平均を推計する。信頼区間の幅を3.4cmにすると，それに対応する信頼係数は何パーセントになるか。

(*Answer 2*)

誤差＝±z×6／$\sqrt{81}$＝±3.4／2

z＝1.7×9/6＝2.55

正規分布表よりzに対応する信頼係数を求める。

(0.5－0.0054)×2＝0.9892

したがって，信頼係数は98.92%に相当する。

第6章　t分布と母平均の推定

準備のための復習

(1) 確率分布の上で，非常に大きい値や，非常に小さい値が発生する確率は小さい。（めったに起こらない。図の斜線部分。）
このような範囲を**有意である**という。

確認すべきキーワード

- 信頼係数，有意水準
- 信頼限界
- 信頼区間

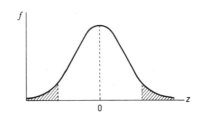

(2) 母集団がいかなる分布でも，抽出した標本平均 $\overline{X}$ は標本サイズ n が大きくなるにつれて正規分布 $\overline{X} : N(\mu_{\overline{x}}, \sigma_{\overline{x}}^2)$ に近づく。

母集団が無限母集団ならば，

標本平均の平均 $\mu_{\overline{x}}$ は　　　　$\mu_{\overline{x}} = \mu$

標本平均の標準偏差 $\sigma_{\overline{x}}$ は　　$\sigma_{\overline{x}} = \dfrac{\sigma}{\sqrt{n}}$

母集団が有限母集団ならば，

標本平均の平均 $\mu_{\overline{x}}$ は　　　　$\mu_{\overline{x}} = \mu$

標本平均の標準偏差 $\sigma_{\overline{x}}$ は　　$\sigma_{\overline{x}} = \dfrac{\sigma}{\sqrt{n}} \cdot \dfrac{\sqrt{N-n}}{\sqrt{N-1}}$

(3) **中心極限定理**

いかなる母集団から抽出した標本平均 $\overline{X}$ でも，それを標準化した

$z = \dfrac{\overline{X} - \mu}{\sigma/\sqrt{n}}$ は，正規分布 $z : N(0, 1^2)$ に近づく。

準備のための復習── 続き

(4) 母数の推定の種類

$$\left\{\begin{array}{l} \text{母平均}\,\mu\,\text{の推定} \left\{\begin{array}{l} \text{母標準偏差}\,\sigma\,\text{が既知の場合 (A-1)} \\ \\ \text{母標準偏差}\,\sigma\,\text{が未知の場合} \left\{\begin{array}{l} \text{小標本の場合 (A-2)} \\ \\ \text{大標本の場合 (A-3)} \end{array}\right. \end{array}\right. \\ \text{母標準偏差}\,\sigma\,\text{の推定 (B-1)} \end{array}\right.$$

(5) 母平均 μ の区間推定

（A－1）母標準偏差 σ が既知の場合

中心極限定理を用いて(1)の推定式を使うことができる。

また，推定値の表記は(1)，(2)，(3)のいずれでもよい。

(1) 信頼係数 95%（または 90%，または 99%）のもとで

上方信頼限界 $= \overline{X} + z \cdot \sigma / \sqrt{n}$

下方信頼限界 $= \overline{X} - z \cdot \sigma / \sqrt{n}$

(2) 信頼係数 95%（または 90%，または 99%）のもとで

$$\overline{X} - z \cdot \sigma / \sqrt{n} \leqq \mu \leqq \overline{X} + z \cdot \sigma / \sqrt{n}$$

(3) $P\left(\overline{X} - z \cdot \sigma / \sqrt{n} \leqq \mu \leqq \overline{X} + z \cdot \sigma / \sqrt{n}\right) = 0.95$

(6) 点推定

（A－1）母標準偏差 σ が既知の場合

上記の区間推定を次のように表現を変える。

μ の点推定値は　　$\mu = \overline{X}$

ただし，信頼係数 95%のもとで，誤差は $\pm z \cdot \sigma / \sqrt{n}$

6.1　t 分布（Student の t 分布）

(1)　t 分布の発見者と名称

t 分布を発見したのは W.S.Gosset である。彼は Student というペンネームを使って論文（1908 年）を書いた。そこで，この分布は**ステューデントの t 分布**と呼ばれる。**t 分布**というのはステューデントの t 分布の略称である。

(2)　t 分布の形状

t 分布は，標準正規分布と非常によく似た Bell shape の分布である。

標準正規分布（z の分布）は $z : N(0, 1^2)$ であることは，すでに学んだ通りである。つまり，どのような正規分布も標準化すると平均 $\mu=0$，標準偏差 $\sigma=1$ の z の分布になる。t 分布はこれによく似た分布なのである。

t 分布が z の分布に似ている点

Bell shape である。平均 $\mu=0$ である点も標準正規分布と同じである。

t 分布と z の分布の異なる点

z の分布（標準正規分布）は自由度が変わっても形が変わらないが，t 分布は自由度が変わると形が変わる。

自由度が小さいと，t 分布は正規分布より広がりが大きい。

自由度が大きくなるにつれて，正規分布に近づき，

自由度が 30 以上になると，ほとんど区別がつかないほど正規分布に近づく。

自由度が無限大のとき，t 分布は正規分布に一致する。

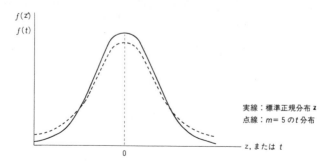

実線：標準正規分布 z
点線：$m=5$ の t 分布

t 分布は，自由度が変わると，分布の広がりが変わるので分散と標準偏差も変わる。

　　t 分布の分散　　　　$\sigma_t^2 = m/(m-2)$

　　t 分布の標準偏差　　$\sigma_t = \sqrt{m/(m-2)}$　（ただし m は自由度）

　分母が $m-2$ であるから，自由度 m が 2 以下（$m \leqq 2$）の時は t 分布の分散，標準偏差は存在しない。

　t 分布の自由度 m は，標本サイズ n から 1 を引いたものである。

$$m = n - 1$$

(3) t 分布をする変数

　t 分布をする変数はいろいろあるが，統計学の入門段階では，次のものが最も重要である。これをしっかりと覚えて，その使い方を理解しよう。

　t 分布をする変数の代表的なもの

$$t = \frac{\overline{X} - \mu}{s/\sqrt{n}}$$

　　　　　　　　　　ただし，$\mu =$ 母平均
　　　　　　　　　　　　　　$\overline{X} =$ 標本平均
　　　　　　　　　　　　　　$s =$ 標本標準偏差
　　　　　　　　　　　　　　$n =$ 標本サイズ

（注意）　上の式を，前に学んだ標準正規変数 z と比べてみよ。

　　　　　違いは分母の σ と s の違いだけである。

$$z = \frac{\overline{X} - \mu}{\sigma/\sqrt{n}}$$

要点　　標本平均の標準正規分布　$z = \dfrac{\overline{X} - \mu}{\sigma/\sqrt{n}}$

　　　　の分母の母標準偏差 σ を，標本標準偏差 s で置き換えた

$$t = \frac{\overline{X} - \mu}{s/\sqrt{n}}$$

　　　　は自由度　$m = n - 1$ の t 分布をする。

⑷　$t = \dfrac{\overline{X} - \mu}{s/\sqrt{n}}$ はどのような分析に使えるか

（第1の応用）

　<u>母標準偏差 σ が未知の時，母平均 μ の推定ができる。</u>

　第5章2節では，母標準偏差 σ が既知の場合の母平均 μ の推定法を学んだ。

　（復習）　$\begin{cases} \text{上方信頼限界} = \overline{X} + z \cdot \sigma / \sqrt{n} \\ \text{下方信頼限界} = \overline{X} - z \cdot \sigma / \sqrt{n} \end{cases}$

　上のような推定が可能であったのは，<u>母標準偏差 σ が既知だった</u>からである。

　しかし，実際には，母標準偏差 σ が既知（わかっている，あるいは観測可能である）ということはほとんどない。

　そこで，代わりに

$$t = \frac{\overline{X} - \mu}{s/\sqrt{n}}$$

を使えば，s（標本標準偏差）は観測することが可能であるから，σ（母標準偏差）が未知でも，母平均 μ の推定ができる。

　この推定方法については，次の 6.2 節で学ぶことにする。

（第2の応用）

　<u>さまざまな統計量の有意性の検定に使うことができる。</u>

　このことについては，後に第8章で母平均 μ に関する仮説検定，第10章で回帰係数の有意性に関する仮説検定のところで学ぶことにする。

⑸　t 分布の確率密度関数

　t 分布は上の図でも見たように，自由度 m が大きくなるにつれて形が変わり，自由度 m が大きくなるにつれて正規分布に近づく。

　言い換えれば，自由度 m を指定すると，m に対応して1つずつ確率分布が存在する。

　このように m に応じて形が変わる t の分布の形を一本の関数で表わすことができる。この式が次ページの t 分布の確率密度関数である。

この式はガンマー関数という特別な関数を用いた独特の式である。ガンマー関数を知らない者にはわかりにくいが，気にすることはない。参考までに示すが，暗記の必要はない。

$$f(t) = \frac{\Gamma\left(\dfrac{m+1}{2}\right)}{\Gamma\left(\dfrac{m}{2}\right)\sqrt{m\pi}}\left(1+\frac{t^2}{m}\right)^{-\frac{1}{2}(m+1)}$$
$$(-\infty < t < \infty)$$

　実際の統計分析では，この式を直接計算することはない。正規分布の時と同様に，さまざまの信頼係数の下での有意水準を統計数値表〔表6.1〕にしてあるので，それを使えば実際の統計分析は十分にできる。

(6) t 分布の有意水準を統計数値表から読み取る練習

　t 分布の有意水準の表わし方には2通りある。両側有意水準と片側有意水準である。

両側有意水準　例えば95％信頼係数に対応する両側有意水準は，〔表6.1〕の両側有意水準の欄で，
$$(1-0.95) = 0.05$$
の t 値を読み取ればよい。通常は両側有意水準を用いる。

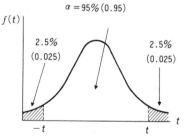

片側有意水準　例えば95％信頼係数に対応する片側有意水準は，〔表6.1〕の片側有意水準の欄で，
$$(1-0.95) = 0.05$$
の t 値を読み取ればよい。特殊な場合に片側有意水準を用いる。

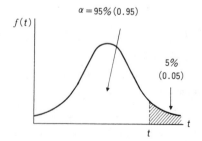

確認のためのQ&A・6.1

(*Question 1*)

自由度5の t 分布の両側検
定5%有意水準はいくらか。

(*Answer 1*) ±2.571

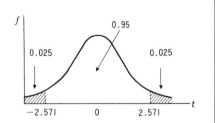

(*Question 2*)

自由度5の t 分布の片側検
定5%有意水準はいくらか。

(*Answer 2*) 2.015

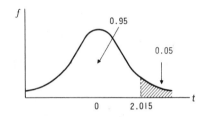

(*Question 3*)

自由度20の t 分布で95%
信頼係数のもとで両側の信
頼限界はいくらか。

(*Answer 3*) ±2.086

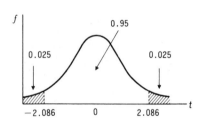

(*Question 4*)

自由度20の t 分布で95%
信頼係数のもとで片側の信
頼限界はいくらか。

(*Answer 4*) 1.725

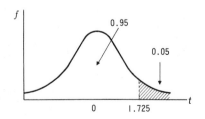

6.2 母平均μの推定（母標準偏差σが未知で，小標本の場合）（A−2）

母標準偏差 σ が未知であるから，次の方法は使えない。

$$z=\frac{\overline{X}-\mu}{\sigma/\sqrt{n}} \quad \Rightarrow \quad \begin{array}{l} \text{上方信頼限界}=\overline{X}+z\cdot\sigma/\sqrt{n} \\ \text{下方信頼限界}=\overline{X}-z\cdot\sigma/\sqrt{n} \end{array}$$

代わりに，今学んだばかりの $t=\dfrac{\overline{X}-\mu}{s/\sqrt{n}}$ を使う。

実例

16～20歳の女性の身長の母平均 μ を推定したい。そのために大きさ $n=10$ の標本を抽出した。標本平均 $\overline{X}=156$cm，標本標準偏差 $s=14$cm であった。この $\overline{X}$ と s のデータをもとに，母平均 μ を95％信頼係数のもとで推定する。

Step 1 信頼係数95％であるから，
両側有意水準 0.05 の t の値を
〔表6.1〕から読み取る。
（ただし，自由度 $m=10-1=9$）
$$t_{0.05}=2.262$$

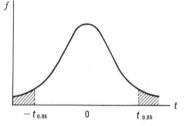

（説明：〔表6.1〕の表頭の0.05または表底の0.025，表側9のところを見る。）

Step 2 μ の上方信頼限界 　 $\overline{X}+t_{0.05}\cdot s/\sqrt{n}$
$$=156+2.262\times14/\sqrt{10}=166.01$$
μ の下方信頼限界 　 $\overline{X}-t_{0.05}\cdot s/\sqrt{n}$
$$=156-2.262\times14/\sqrt{10}$$
$$=145.99$$

Step 3　レポートの表示方法

　①上方信頼限界＝166.01cm

　　下方信頼限界＝145.99cm

　　　　ただし，信頼係数＝95％

　②5％有意水準のμの区間推定値は

　　145.99cm$\leqq\mu\leqq$166.01cm

　③P（145.99cm$\leqq\mu\leqq$166.01cm）＝0.95

確認のためのQ&A・6.2

（*Question*）　ある工場が製造している電球の寿命（耐久時間）の母平均
を区間推定し，製品の性能表に記入したい。そのために20個の標
本をテストした。その結果は，次のようになった。

　　　　　標本平均　　$\overline{\mathrm{X}}$＝2550 時間

　　　　　標本標準偏差 s＝　246 時間

　このデータを使って，母平均μを95％信頼係数のもとで区間推定
せよ。

（*Answer*）　わかっているデータ

　　　　　$n=20$　　　$\overline{\mathrm{X}}=2550$　　　$s=246$

　　　　　95％信頼係数に対応するt分布の5％有意水準

　　　　　$t_{0.05}=2.093$（自由度19）

　　　　　μの上方信頼限界＝$\overline{\mathrm{X}}+t_{0.05}\cdot s/\sqrt{n}$

　　　　　　　　　　　　　　＝$2550+2.093\times246/\sqrt{20}$

　　　　　　　　　　　　　　＝2665.13

　　　　　μの下方信頼限界＝$\overline{\mathrm{X}}-t_{0.05}\cdot s/\sqrt{n}$

　　　　　　　　　　　　　　＝$2550-2.093\times246/\sqrt{20}$

　　　　　　　　　　　　　　＝2434.87

　この製品の平均寿命は，95％信頼係数のもとで

　　　2434.87 時間$\leqq\mu\leqq$2665.13 時間

6.3 母平均μの推定（母標準偏差σは未知で，大標本の場合）(A−3)

標本サイズが30以上の場合は，この（A−3）の方法が一般に用いられる。その理由は2つある。

理由1 標本サイズ30程度になると，t分布は標準正規分布（zの分布）に非常に近い。ほとんど区別がつかない。だから，t分布表〔表6.1〕の代わりに，正規分布表〔表4.1〕を使っても構わない。

理由2 t分布表〔表6.1〕は，自由度が30より大きくなると，詳細な表にはなっていないので，詳細な分析には使えない。（例えば，自由度45は〔表6.1〕にはない。）

そこで，（A−2）の小標本の場合の

$$\mu \text{ の上方信頼限界} = \overline{X} + t \cdot s / \sqrt{n}$$
$$\mu \text{ の下方信頼限界} = \overline{X} - t \cdot s / \sqrt{n}$$

の代わりに，次の方法を採用する。

重要

母標準偏差 σ が未知の場合で，大標本の場合の母平均 μ の推定
（信頼係数を95％に設定した場合を例示する）

μ の上方信頼限界　$\overline{X} + z \cdot s / \sqrt{n}$
μ の下方信頼限界　$\overline{X} - z \cdot s / \sqrt{n}$

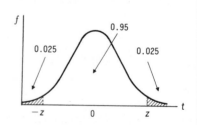

z は〔表4.2〕から95％信頼係数を読み取ると，
$$z = 1.96$$

---

　t と *z* の文字に注意をはらい，標本標準偏差 *s* は使われるが，母標準偏差 σ は使われないことに注意しながら，以下の Q&A を練習しなさい。

確認のためのQ&A・6.3

（*Question*）　ある工場が製造している電球の寿命（耐久時間）の母平均を区間推定し，製品の性能表に記入したい。

そのために 100 本の標本をテストした。その結果は次のようになった。

$$\text{標本平均}\quad \overline{\text{X}}=2550\ \text{時間}$$

$$\text{標本標準偏差}\ s=\ 246\ \text{時間}$$

このデータを使って，95%信頼係数のもとで母平均 μ を区間推定せよ。

（*Answer*）　わかっているデータ

$$n=100\qquad \overline{\text{X}}=2550\qquad s=246$$

大標本であるから *t* 分布（表 6.1）の代わりに正規分布（表 4.2）を使う。

95%信頼係数に対応する *z* の値は　$z=1.96$

$$\begin{aligned}
\mu \text{ の上方信頼限界} &= \overline{\text{X}}+z\cdot s/\sqrt{n}\\
&=2550+1.96\times246/\sqrt{100}\\
&=2598.22
\end{aligned}$$

$$\begin{aligned}
\mu \text{ の下方信頼限界} &= \overline{\text{X}}-z\cdot s/\sqrt{n}\\
&=2550-1.96\times246/\sqrt{100}\\
&=2501.78
\end{aligned}$$

この製品の平均寿命は，95%信頼係数のもとで

$$2501.8\ \text{時間}\leqq\mu\leqq2598.2\ \text{時間}$$

6.4 母平均 μ の推定のまとめ

まとめ

（A−1） 母標準偏差 σ が既知の場合

μ の上方信頼限界 $= \overline{X} + z \cdot \sigma / \sqrt{n}$

μ の下方信頼限界 $= \overline{X} - z \cdot \sigma / \sqrt{n}$

$P\left(\overline{X} - z \cdot \sigma / \sqrt{n} \leqq \mu \leqq \overline{X} + z \cdot \sigma / \sqrt{n}\right) = \alpha$

α は信頼係数

（A−2） 母標準偏差 σ が未知の場合で，小標本の場合

μ の上方信頼限界 $= \overline{X} + t \cdot s / \sqrt{n}$

μ の下方信頼限界 $= \overline{X} - t \cdot s / \sqrt{n}$

$P\left(\overline{X} - t \cdot s / \sqrt{n} \leqq \mu \leqq \overline{X} + t \cdot s / \sqrt{n}\right) = \alpha$

α は信頼係数

t は自由度 $n-1$ の t 値

（A−3） 母標準偏差 σ が未知の場合で，大標本の場合

μ の上方信頼限界 $= \overline{X} + z \cdot s / \sqrt{n}$

μ の下方信頼限界 $= \overline{X} - z \cdot s / \sqrt{n}$

$P\left(\overline{X} - z \cdot s / \sqrt{n} \leqq \mu \leqq \overline{X} + z \cdot s / \sqrt{n}\right) = \alpha$

α は信頼係数

応用

　ある工場が電球を製造している。この製品の耐用年数を商品性能表に記入するために，95％信頼係数のもとで区間推定をしたい。どうすればよいか。

Step 1　まず，母標準偏差が，既知か，未知かを調べる。

　　　　既知ならば（A−1）

　　　　未知ならば（A−2）または（A−3）の方法を使う。

Step 2　（A−1），（A−2），（A−3）いずれの場合でも，標本抽出をする。

　　　　標本サイズは，任意に決めるが，ある程度大きい方がよい。

Step 3　標本平均 $\overline{\mathrm{X}}$, 標本標準偏差 s を実際に測定する。

Step 4　(A−1), (A−3) の方法ならば,〔表4.1〕または〔表4.2〕から, z の信頼限界を見つけだす。

　　　　(A−2) の方法ならば〔表6.1〕から t の信頼限界を見つけだす。

Step 5　以上を用いて, 母平均 μ を推定する。

確認のためのQ&A・6.4

(*Question*)　ある工場が製造している製品の寿命（耐用年数）を商品性能表に記入したい。（95％信頼係数のもとで区間推定をしたい。）そのために標本サイズ10の標本を抽出したら, 右のようなデータが得られた。データから, 母平均 μ を区間推定せよ。

i	X_i
1	2610
2	2480
3	2560
4	2590
5	2490
6	2570
7	2560
8	2520
9	2510
10	2620

(*Answer*)

$n=10$

$\overline{\mathrm{X}}=\Sigma \mathrm{X}_i / n=25510 / 10=2551$

$s^2=\dfrac{1}{n-1}\ (\Sigma \mathrm{X}_i^2 - n\overline{\mathrm{X}}^2)\ =2410$

$s=\sqrt{s^2}=49.09$

自由度　$10-1=9$ の $t_{0.05}$ は $t_{0.05}=2.262$

$\overline{\mathrm{X}}-t \cdot s / \sqrt{n} \leqq \mu \leqq \overline{\mathrm{X}} + t \cdot s / \sqrt{n}$

$2551-2.262 \times 49.09 / \sqrt{10} \leqq \mu \leqq 2551+2.262 \times 49.09 / \sqrt{10}$

$2515.89 \leqq \mu \leqq 2586.11$

6.5 母平均 μ の推定に必要な標本のサイズ

以上の説明（第5章5.2節，第6章6.1〜6.4節）では，母平均 μ を推定するために標本を抽出し，その標本平均 $\overline{X}$ や標本標準偏差 s を使った。

以上の学習では，標本抽出は省略して，標本サイズ n や標本平均 $\overline{X}$ や，標本標準偏差 s の値がすべてわかっている例題を作って練習を行なってきた。

しかし実際には，母平均 μ を推定しようとすれば，自分で標本を抽出し，その標本平均 $\overline{X}$ と，標本標準偏差 s を計算することから始めなければならない。

その場合，標本サイズはいくらにすればよいのだろうか。

母平均 μ の推定に必要な標本サイズの決め方

(1) 普通は，標本サイズは任意に決める。

   （誤差の限界をあらかじめ決めない場合）

(2) 特別の場合には，標本サイズは下記の方法で決める。

   （誤差の限界をあらかじめ決める場合）

誤差の限界（誤差の絶対値）$|\varepsilon|$ を一定の範囲におさめたい場合の計算方法

必要最小限の標本サイズ $n = (z \times \sigma / \varepsilon)^2$

応用

（*Question*） ある工場で電球を製造している。この製品の寿命を95%信頼係数のもとで推定したい。（ただし母標準偏差は200時間であることがわかっている。）

その際，誤差は50時間以内におさえたい。

標本サイズがいくつ以上の標本を抽出すればよいか。

（*Answer*）

n の最小値 $= (z \times \sigma / \varepsilon)^2$

$\qquad = (1.96 \times 200 / 50)^2 = 61.47$

標本サイズは61.47以上，実際には切り上げで62以上であればよい。

〔表6.1〕 スチューデントの *t* 分布の確率

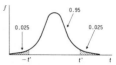

信頼係数が 95%（有意水準 5%）
のときは，0.05 の列を用いる。

自由度	両 側 有 意 水 準									自由度
	0.5	0.4	0.3	0.2	0.1	0.05	0.02	0.01	0.001	
1	1.000	1.376	1.963	3.078	6.314	12.406	31.821	63.657	636.619	1
2	.816	1.061	1.386	1.886	2.920	4.303	6.965	9.925	32.598	2
3	.765	.978	1.250	1.638	2.353	3.182	4.541	5.841	12.941	3
4	.761	.941	1.190	1.533	2.132	2.776	3.747	4.604	8.610	4
5	.727	.920	1.156	1.476	2.015	2.571	3.365	4.032	6.859	5
6	.718	.906	1.134	1.440	1.943	2.447	3.143	3.707	5.959	6
7	.711	.896	1.119	1.415	1.895	2.365	2.998	3.499	5.405	7
8	.706	.889	1.108	1.397	1.860	2.306	2.896	3.355	5.041	8
9	.703	.883	1.100	1.383	1.833	2.262	2.821	3.250	4.781	9
10	.700	.879	1.093	1.372	1.812	2.228	2.764	3.169	4.587	10
11	.697	.876	1.088	1.363	1.796	2.201	2.718	3.106	4.437	11
12	.695	.873	1.083	1.356	1.782	2.179	2.681	3.055	4.318	12
13	.694	.870	1.079	1.350	1.771	2.160	2.650	3.012	4.221	13
14	.692	.868	1.076	1.345	1.761	2.145	2.624	2.977	4.140	14
15	.691	.866	1.074	1.341	1.753	2.131	2.602	2.947	4.073	15
16	.690	.865	1.071	1.337	1.746	2.120	2.583	2.921	4.015	16
17	.689	.863	1.069	1.333	1.740	2.110	2.567	2.898	3.965	17
18	.688	.862	1.067	1.330	1.734	2.101	2.552	2.878	3.922	18
19	.688	.861	1.066	1.328	1.729	2.093	2.539	2.861	3.883	19
20	.687	.860	1.064	1.325	1.725	2.086	2.528	2.845	3.850	20
21	.686	.859	1.063	1.323	1.721	2.080	2.518	2.831	3.819	21
22	.686	.858	1.061	1.321	1.717	2.074	2.508	2.819	3.792	22
23	.685	.858	1.060	1.319	1.714	2.069	2.500	2.807	3.767	23
24	.685	.857	1.059	1.318	1.711	2.064	2.492	2.797	3.745	24
25	.684	.856	1.058	1.316	1.708	2.060	2.485	2.787	3.725	25
26	.684	.856	1.058	1.315	1.706	2.056	2.479	2.779	3.707	26
27	.684	.855	1.057	1.314	1.703	2.052	2.473	2.771	3.690	27
28	.683	.855	1.056	1.313	1.701	2.048	2.467	2.763	3.674	28
29	.683	.854	1.055	1.311	1.699	2.045	2.462	2.756	3.659	29
30	.683	.854	1.055	1.310	1.697	2.042	2.457	2.750	3.640	30
40	.681	.851	1.050	1.303	1.684	2.021	2.423	2.704	3.551	40
60	.679	.848	1.046	1.296	1.671	2.000	2.390	2.660	3.460	60
120	.677	.845	1.041	1.289	1.658	1.980	2.358	2.617	3.373	120
∞	.674	.842	1.036	1.282	1.645	1.960	2.326	2.576	3.291	∞
自由度	0.25	0.2	0.15	0.1	0.05	0.025	0.01	0.005	0.0005	自由度
	片 側 有 意 水 準									

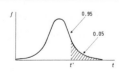

信頼係数が 95%（有意水準 5%）
のときは，0.05 の列を用いる。

第6章の練習問題

1. 男子の学生 25 人について 1 分間の脈拍数を測定したところ，標本平均 $\overline{X}$ ＝71.2 回，標本標準偏差 s＝9 回であった。信頼係数 95% のもとで母平均を区間推定せよ。

(*Answer*)

$n=25$　$m=25-1=24$　$\overline{X}=71.2$　$s=9$

95% 信頼係数に対応する t 分布の 5% 有意水準：$t_{0.05}=2.064$（自由度）

μ の上方信頼限界 ＝ $\overline{X}+t_{0.05} \cdot s/\sqrt{n}=71.2+2.064\times9/\sqrt{25}=74.9$

μ の下方信頼限界 ＝ $\overline{X}-t_{0.05} \cdot s/\sqrt{n}=71.2-2.064\times9/\sqrt{25}=67.5$

男子学生の脈拍の母平均は 95% の信頼係数のもとで，67.5 回$\leq\mu\leq74.9$ 回

2. 世帯数 19,040 の市で 16 世帯の標本を選んで，世帯員数を調べて，次の結果を得た。

$$5\ 2\ 4\ 7\ 6\ 4\ 4\ 3\ 4\ 3\ 4\ 3\ 3\ 5\ 2$$

95% の信頼係数のもとで，平均世帯員数を点推定せよ。

(*Answer*)

$n=16$　$\overline{X}=3.875$　$s=1.36$

95% 信頼係数に対応する t 分布の 5% の有意水準：

$t_{0.05}=2.131$（自由度 15）

1 世帯の世帯員数の母平均の点推定値は 3.875 人である。

推定誤差は以下の通りになる。

$$
\begin{aligned}
誤差 &= \pm t_{0.05} \cdot s/\sqrt{n}\\
&= \pm 2.131\times1.36/\sqrt{16}\\
&= \pm 0.72454
\end{aligned}
$$

この市の 1 世帯の世帯員数の平均は 3.875 人である。ただし，95% の信頼係数のもとでは ±0.72454 人の誤差がある。

3. ある工場で生産した製品の中から無作為に 10 個の標本を抽出して，その重さを測定したところ次の結果を得た。

　　22.8　19.7　25.8　21.1　19.6　25.6　18.3　19.0　22.6　16.4(g)

(*Question*)

　　先月の同一製品の重さの平均は 20g であった。90%の信頼係数のもとで，製品の製造に大きな変化が発生したといえるであろうか。(統計的に有意か)

(*Answer*)

　　$n=10$　$\overline{\mathrm{X}}=21.09$　$s=3.09$

　　90%信頼係数に対応する t 分布の 10%の有意水準：

　　　　$t_{0.10}=1.833$（自由度 9）

　　μ の上方信頼限界 $=21.09+1.833\times3.09/\sqrt{10}=22.9$

　　μ の下方信頼限界 $=21.09-1.833\times3.09/\sqrt{10}=19.3$

　　この製品の平均重量は 90%の信頼係数の下で

　　　　　　$19.3\mathrm{g}\leqq\mu\leqq22.9\mathrm{g}$

　　重量 20g はこの区間に入るから，統計的に有意な重さではない。

　　したがって，先月と今月の製品重量には有意な変化はなかった。

4. ある試験の受験者の成績から無作為に抽出した 31 人の平均点は $\overline{\mathrm{X}}=60$ 点，標準偏差は $s=16.2$ 点であった。出題者は平均点は 80 点になると予想していた。この 60 点という結果は，信頼係数 95%のもとで，予想の 80 点からみて統計的に有意にかけはなれた大きさか（出題者の想定が楽観的あるいは悲観的であったといえるか）。

(*Answer*)

　　μ の上方信頼限界 $=60+1.96\times16.2/\sqrt{31}=65.7$

　　μ の下方信頼限界 $=60-1.96\times16.2/\sqrt{31}=54.3$

　　80 点は平均点の上方信頼限界より大きい。したがって，出題者の想定が楽観的であったといえるぐらい統計的に低い得点である。

5. ある商店の 1 週間のチョコレート売り上げ箱数を 1 年間（≒52 週間）にわたり調査したところ，1 週間平均 120 箱，標準偏差は 30 箱であった。

（*Question*）

　　この商店が 95% の確率で需要を充たすためには毎週初めの在庫数は何個必要か。

（*Answer*）

　　毎週の売り上げは変動する。つまり分布する。そして，その分布の上方信頼限界（95%）以上の在庫を持っていれば需要を充たすことができる。

　　（注意：この問題では，各週の売り上げの変動に注目しているのであって，売り上げの平均値に注目しているのではない。）

　　この場合は信頼係数 95% の片側検定を利用すればよい。

　　μ の上方信頼限界 $= 120 + 1.645 \times 30$

　　　　　　　　　　　　$= 169.35$

　　95% の確率で需要を充たすには週初めに，170 個の在庫が必要。

第7章　χ^2 分布と母標準偏差の推定

第7章の学習の目標
(1)　χ^2 分布という新しい分布を学び，使えるようになること
(2)　母集団の標準偏差 σ の推定方法を学ぶこと

　　　（第5章，第6章では，母集団の平均の推定方法を学んだが，この
　　　章では母集団の標準偏差の推定を学ぶ。）

復習　母数の推定

$$\begin{cases} \text{母平均 } \mu \text{ の推定} \begin{cases} \text{母標準偏差 } \sigma \text{ が既知（A-1）} \\ \text{母標準偏差 } \sigma \text{ が未知} \end{cases} \begin{cases} \text{小標本の場合（A-2）} \\ \text{大標本の場合（A-3）} \end{cases} \\ \text{母標準偏差 } \sigma \text{ の推定（B-1）} \end{cases}$$

（A-1）標準正規分布（z の分布）と，既知の母標準偏差 σ を用いて推
　　　定する。
　　　$\mathrm{P}\,(\,\overline{\mathrm{X}}-z\cdot\sigma/\sqrt{n}\leqq\mu\leqq\overline{\mathrm{X}}+z\cdot\sigma/\sqrt{n}\,)=\alpha$

（A-2）t 分布と，標本標準偏差 s を用いて推定する。
　　　$\mathrm{P}\,(\,\overline{\mathrm{X}}-t\cdot s/\sqrt{n}\leqq\mu\leqq\mathrm{X}+t\cdot s/\sqrt{n}\,)=\alpha$

（A-3）標準正規分布（z の分布）と標本標準偏差 s を用いて推定する。
　　　$\mathrm{P}\,(\,\overline{\mathrm{X}}-z\cdot s/\sqrt{n}\leqq\mu\leqq\overline{\mathrm{X}}+z\cdot s/\sqrt{n}\,)=\alpha$

7.1 χ² 分布 (カイ二乗分布)

(1) χ² 分布とは

χ^2 は「カイ二乗」と読む。

英語では Chi square (カイ・スクエア) である。χ はギリシャ文字のカイである。

χ^2 は1つの記号である。χ という変数はない。χ^2 は χ を二乗したという意味ではなく，χ^2 という名前の変数である。

〔復習〕 正規分布をする変数の母集団 (正規母集団) から取り出した変数を標準化すると，標準正規変数 z になることは第4章で学んだ。

$$z = \frac{x - \mu}{\sigma}$$

この z を用いて次のような変数を作ってみると，χ^2 (カイ二乗) と呼ばれる新しい変数ができる。

i	X_i
1	X_1
2	X_2
3	X_3
・	・
・	・
・	・
n	X_n

1. 標本サイズ n の標本を抽出する。すると右表のような，n 個の X_i のデータが得られる。

   (これは，今までに学んだ普通の標本。ただし，母集団は正規母集団。つまり，以下の χ^2 分布は必ず正規母集団から取り出した標本が前提になっていることに注意せよ！)

2. この標本データの1つ1つを標準化すると，標準正規変数 z_i ができる。

3. z_i を二乗して z_i^2 を作る。

i	X_i	z_i	z_i^2
1	X_1	$z_1 = \dfrac{X_1 - \mu}{\sigma}$	$z_1^2 = \left(\dfrac{X_1 - \mu}{\sigma}\right)^2$
2	X_2	$z_2 = \dfrac{X_2 - \mu}{\sigma}$	$z_2^2 = \left(\dfrac{X_2 - \mu}{\sigma}\right)^2$
3	X_3	$z_3 = \dfrac{X_3 - \mu}{\sigma}$	$z_3^2 = \left(\dfrac{X_3 - \mu}{\sigma}\right)^2$
·	·	·	·
·	·	·	·
·	·	·	·
n	X_n	$z_n = \dfrac{X_n - \mu}{\sigma}$	$z_n^2 = \left(\dfrac{X_n - \mu}{\sigma}\right)^2$

4. この z_i^2 を合計したものを χ^2 と呼ぶ。

$$\chi^2 = \left(\frac{X_1 - \mu}{\sigma}\right)^2 + \left(\frac{X_2 - \mu}{\sigma}\right)^2 + \left(\frac{X_3 - \mu}{\sigma}\right)^2 + \cdots + \left(\frac{X_n - \mu}{\sigma}\right)^2 = \sum_{i=1}^{n} \left(\frac{X_i - \mu}{\sigma}\right)^2$$

この式は，次のように書くことができる。自分で納得するまで確かめよ。

$$\chi^2 = z_1^2 + z_2^2 + z_3^2 + \cdots + z_n^2 = \sum_{i=1}^{n} z_i^2$$

χ^2 は独特の<u>分布をする。</u>

<u>分布をしなければ，統計分析の役には立たない。分布をするから，統計分析の方法として使えるのである。</u>

χ^2 分布は，自由度 m が変わると分布の形が変わる。

（注意）：z の分布は，自由度が変わっても形は変わらなかったことを思い出せ。

また，t 分布も，自由度が変わると形が変わったことも思い出せ。

χ^2 分布の自由度 m は，標本サイズ n そのものである。

（注意）：母標準偏差の推定を行なう際には，自由度 m は標本サイズ n から 1 を引いた $n-1$ になる。理由は後に説明する。

「ある変数 x が自由度 m の χ^2 分布をする」ということを次のように表記する習慣がある。C は，Chi（カイ）の頭文字である。

$$x : C\ (m)$$

(2) χ^2 の計算方法

$$\chi^2 = \left(\frac{X_1 - \mu}{\sigma}\right)^2 + \left(\frac{X_2 - \mu}{\sigma}\right)^2 + \cdots\cdots + \left(\frac{X_n - \mu}{\sigma}\right)^2 \tag{1}$$

この式は次のように書き直すと，計算が楽にできる。

$$\chi^2 = \frac{(X_1 - \mu)^2}{\sigma^2} + \frac{(X_2 - \mu)^2}{\sigma^2} + \cdots\cdots + \frac{(X_n - \mu)^2}{\sigma^2}$$

$$= \frac{1}{\sigma^2} \{(X_1 - \mu)^2 + (X_2 - \mu)^2 + \cdots\cdots + (X_n - \mu)^2\}$$

$$= \frac{1}{\sigma^2} \sum_{i=1}^{n} (X_i - \mu)^2 \tag{2}$$

そして，下図のようなワークシートを作るとよい。

i	X_i	$(X_i - \mu)^2$
1	X_1	$(X_1 - \mu)^2$
2	X_2	$(X_2 - \mu)^2$
・	・	・
・	・	・
・	・	・
n	X_n	$(X_n - \mu)^2$
		$\sum_{i=1}^{n} (X_i - \mu)^2$

確認のためのQ＆A・7.1

（*Question*）　16〜20歳の女性の身長は，母平均155cm，母標準偏差14cmの正規分布をする。

この母集団から標本サイズ5の標本を抽出したら，右のようなデータが得られた。

このデータの χ^2 を計算せよ。

i	X_i
1	168
2	141
3	157
4	151
5	160
Σ	

（*Answer*）　既知のデータ　$\mu = 155$，$\sigma = 14$ と標本データを使って計算する。

χ^2 の計算

$$\chi^2 = \Sigma \left(\frac{X_i - \mu}{\sigma} \right)^2 = \frac{1}{\sigma^2} \Sigma\ (X_i - \mu)^2$$

$$= \frac{1}{14^2} \times 410 = 2.0918$$

i	X_i	$(X_i - \mu)^2$
1	168	169
2	141	196
3	157	4
4	151	16
5	160	25
Σ		410

再確認せよ！

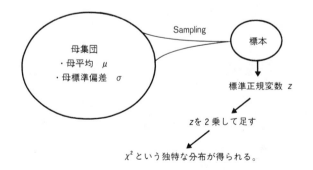

独特な分布をするからこそ分析に役立つのである。それではどのように役立てていくのか次ページから注意して読んでいこう。

(3) χ^2 分布の形と確率密度関数

χ^2 分布は自由度 m が大きくなるにつれて図のように形が変わる。

この形を 1 本の方程式で表わすのが，確率密度関数である。

χ^2 分布の確率密度関数は，次の式のような難しい形の式である。

統計学入門では，この式を用いて確率の計算をすることはないが，参考のために掲げておく。

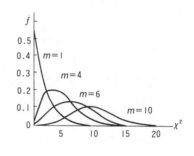

$$f(\chi^2) = \frac{1}{2^{(m/2)}\Gamma\left(\dfrac{m}{2}\right)}(\chi^2)^{\left(\frac{m}{2}-1\right)}e^{\left(-\frac{1}{2}\chi^2\right)}$$

$$(0 \leq \chi^2 < \infty)$$

z や t の分布と同様に，χ^2 分布も自由度と信頼係数を指定すると，有意水準を読み取ることができる統計数値表〔表7.1〕が用意されているので，実際の分析にはそれを使うのが普通である。

(4) χ^2 分布の平均と標準偏差

χ^2 分布の平均，分散，標準偏差は，数理統計学の理論によって下記のように算出される。

統計学入門では数理統計学まで学ぶ必要はない。下記のとおりの式を用いればよい。

χ^2 分布の平均 ——— $\mu = m$

χ^2 分布の分散 ——— $\sigma^2 = 2m$

χ^2 分布の標準偏差 — $\sigma = \sqrt{2m}$

(5)　χ²分布の有意水準の読み方

　χ²分布表〔表7.1〕では，χ²分布の有意水準は，t分布表と違って片側有意水準のみ表示されている。

　なぜならば，χ²はもともと $\chi^2 = \sum_{i=1}^{n} \left(\dfrac{X_i - \mu}{\sigma}\right)^2$ という式で，二乗して計算する数であるから，プラスの値しかあり得ない。

　したがって，z や t のように平均0の左右に対象に分布する分布ではない。この有意水準をいろいろな自由度について計算して一覧表にしたのが〔表7.1〕である。

　χ²分布では，例えば正の側の片側検定で信頼係数95％の場合，100％－95％＝5％の5％の方を使って，信頼限界を次のように呼ぶ習慣がある。

　　上の図の $\chi^2_{0.05}$ は，「自由度5のχ²分布の5％点」と呼ぶ。

　　　　　　　　　　　　　　　　　（95％点とは呼ばない。）

　またそれを記号で表わす時は，$\chi^2_{0.05}(5)$ と書く。

　一般には，「自由度 m のχ²分布の α 点」と呼び，

　　　　$\chi^2_\alpha(m)$　　と書く。

(注意)　信頼係数（例えば95％）を100％から引いて，右側の有意な側（分布図の斜線部分の面積）で呼ぶ。

確認のためのQ&A・7.2

　次のχ²分布の有意水準を〔表7.1〕から読み取れ。

　(Question)　　　　　　　　　　　　　　　　　　　*(Answer)*

(1)　自由度 20 のχ²分布の　50％有意水準　　　$\chi^2_{0.50}(20) = 19.3$

(2)　自由度 20 のχ²分布の　　5％有意水準　　　$\chi^2_{0.05}(20) = 31.4$

(3)　自由度 20 のχ²分布の 0.5％有意水準　　　$\chi^2_{0.005}(20) = 40.0$

(4)　自由度 20 のχ²分布の　10％有意水準　　　$\chi^2_{0.10}(20) = 28.4$

(5)　自由度 20 のχ²分布の　　1％有意水準　　　$\chi^2_{0.01}(20) = 37.6$

(6)　自由度 27 のχ²分布の　90％有意水準　　　$\chi^2_{0.90}(27) = 18.1$

(7)　自由度 100 のχ²分布の　25％有意水準　　　$\chi^2_{0.25}(100) = 109.1$

前ページの確認のための Q&A・7.2 で読み取り練習をしたのは，上方有意水準（右側の有意水準）である。これに対して，下方有意水準（左側の有意水準）を読み取る必要が生じることもあり得る。

　χ^2 分布の両側の有意水準（上方有意水準と下方有意水準）を読み取るには，次のようにする。

実例　自由度 5 の χ^2 分布の 95% 信頼係数のもとでの，上方信頼限界と下方信頼限界を求める。

Step 1　〔表 7.1〕の表側（自由度）
　　　　　5 の行を見る。

Step 2　上方信頼限界は表頭
　　　　　0.025 に対応する。
$$(1.00-0.95)\div 2 = 0.025$$
$$\chi^2_{0.025}(5)=12.8$$

Step 3　下方信頼限界は表頭
　　　　　0.975 に対応する。
$$\chi^2_{0.975}(5)=0.831$$

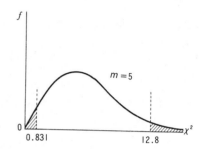

(6)　χ^2 分布の用途

　χ^2 分布の用途はいろいろあるが，統計学入門の段階では，次の 2 つの用途を学べばよい。

1.　母標準偏差の推定 ——— 7.2 節で学ぶ。

2.　仮説検定への応用 ——— 第 8 章で学ぶ。

　この 2 つの用途はどちらも非常に重要で，いろいろな分野でよく使われる。

再確認せよ！

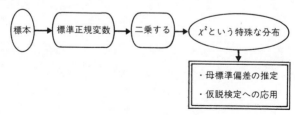

7.2　母標準偏差の推定（B-1）

母集団の標準偏差（母標準偏差）は，通常はわからない（未知である）。したがって，推定をする必要がある。

推定の方法

(1)　信頼係数を設定する。

通常は 95%（0.95）でよい。

厳しい信頼係数にしたければ 99%（0.99）

緩い信頼係数にしたければ 90%（0.90）

(2)　χ^2 分布表〔表 7.1〕から，$\chi^2_a (m)$ を読み取る。

注意：<u>自由度 $m=n-1$</u>，母平均 μ（自由度は n）を標本平均（自由度は $n-1$）で置き換えるため，自由度が 1 失われる，

信頼係数 0.95 ならば

上方信頼限界 $=\chi^2_{0.025} (m)$

下方信頼限界 $=\chi^2_{0.975} (m)$

信頼係数 0.90 ならば

上方信頼限界 $=\chi^2_{0.05} (m)$

下方信頼限界 $=\chi^2_{0.95} (m)$

信頼係数 0.99 ならば

上方信頼限界 $=\chi^2_{0.005} (m)$

下方信頼限界 $=\chi^2_{0.995} (m)$

(3)　母分散 σ^2 の上方信頼限界と下方信頼限界を計算する

（信頼係数 0.95 の場合）

σ^2 の上方信頼限界 $=(n-1) s^2 / (\chi^2$ の下方信頼限界$)$

$\qquad\qquad\qquad = (n-1) s^2 / \chi^2_{0.975} (m)$

σ^2 の下方信頼限界 $=(n-1) s^2 / (\chi^2$ の上方信頼限界$)$

$\qquad\qquad\qquad = (n-1) s^2 / \chi^2_{0.025} (m)$

（注意：右辺の上方，下方が入れ替わることに注意）

(4) 母分散 σ^2 のルート（平方根）を計算して，母標準偏差 σ にする。

$$\sigma \text{ の上方信頼限界} = \sqrt{(n-1)s^2/\chi^2_{0.975}(m)}$$
$$\sigma \text{ の下方信頼限界} = \sqrt{(n-1)s^2/\chi^2_{0.025}(m)}$$

なぜ，このような方法で σ を推定できるのか，その理由を詳しく知りたければ，この章の最後の数学の補論を学習せよ。

確認のためのQ&A・7.3

（*Question*）　16～20歳の女性の身長の母標準偏差がわからないので推定したい。大きさ 10 の標本を抽出して，標本標準偏差 s を測ったら，8cm であった。95％信頼係数のもとで母標準偏差 σ を区間推定せよ。

（*Answer*）　$s=8$ であるから　$s^2=64$, $n=10$, $m=n-1=9$

〔表 7.1〕から，$\chi^2_{0.975}(9)=2.70$　　$\chi^2_{0.025}(9)=19.0$

σ の上方信頼限界 $= \sqrt{(10-1)\times64/2.70} = 14.61$

σ の下方信頼限界 $= \sqrt{(10-1)\times64/19.0} = 5.51$

したがって

> 母標準偏差 σ の 95％信頼限界は
> 上方信頼限界 $= 14.61$
> 下方信頼限界 $= 5.51$

あるいは，

> $5.51 \leqq \sigma \leqq 14.61$
>
> 　　　　　信頼係数 95％
> 　　（または 5％有意水準）

どちらの表現方法でもよい。

7.3　母数の推定の方法の総まとめ
——第5, 6, 7章で学んだことをまとめてみよう——

推定方法の要約

　A．　**母平均 μ の推定**（95%信頼係数の場合）

　　（A−1）　**母標準偏差 σ が既知の場合**

　　　　　上方信頼限界 $= \overline{X} + z_{0.025} \cdot \sigma / \sqrt{n}$

　　　　　下方信頼限界 $= \overline{X} - z_{0.025} \cdot \sigma / \sqrt{n}$

　　（A−2）　**母標準偏差 σ が未知で，小標本の場合**

　　　　　　（自由度 $m = n-1$）

　　　　　上方信頼限界 $= \overline{X} + t_{0.025} \cdot s / \sqrt{n}$

　　　　　下方信頼限界 $= \overline{X} - t_{0.025} \cdot s / \sqrt{n}$

　　（A−3）　**母標準偏差 σ が未知で，大標本の場合**

　　　　　上方信頼限界 $= \overline{X} + z_{0.025} \cdot s / \sqrt{n}$

　　　　　下方信頼限界 $= \overline{X} - z_{0.025} \cdot s / \sqrt{n}$

　B．　（B−1）　**母標準偏差 σ の推定**

　　　　　　　　（95%信頼係数＝5%有意水準の場合）

　　　　　　（自由度 $m = n-1$）

　　　　　上方信頼限界 $= \sqrt{(n-1)s^2 / \chi^2_{0.975}(m)}$

　　　　　下方信頼限界 $= \sqrt{(n-1)s^2 / \chi^2_{0.025}(m)}$

応用

16〜20歳の女性の身長の母平均 μ と母標準偏差 σ を推定したい。

そのために，標本サイズ40の標本を抽出した。

標本平均は155cm，標本標準偏差は8cmであった。

これだけのデータをもとに，μ と σ を95%信頼係数のもとで区間推定せよ。

Step 1 与えられた情報を整理する。

$$n=40 \qquad \overline{\mathrm{X}}=155 \qquad s=8 \qquad s^2=64$$

Step 2 μ の推定

σが未知で，大標本であるから（A−3）の方法をとる。

$z_{0.975}=1.96$

上限 $=\overline{\mathrm{X}}+z_{0.975}\cdot s/\sqrt{n}=155+1.96\times8/\sqrt{40}=157.48$

下限 $=\overline{\mathrm{X}}-z_{0.975}\cdot s/\sqrt{n}=155-1.96\times8/\sqrt{40}=152.52$

Step 3 σ の推定

$$\chi^2_{0.025}\,(39)=58.07 \qquad \chi^2_{0.975}\,(39)=23.64$$

上限 $=\sqrt{(n-1)s^2/\chi^2_{0.975}}=\sqrt{(40-1)\times64/23.64}=10.28$

下限 $=\sqrt{(n-1)s^2/\chi^2_{0.025}}=\sqrt{(40-1)\times64/58.07}=6.56$

σ の補間推計

χ^2 分布の表は，一見してわかるように，信頼限界を示す確率の値が自由度ごとに示されているが，すべての自由度について数表を用意するわけにはいかないので，途中からとびとびになる。たとえば自由度 39 の χ^2 の上方信頼限界 $\chi^2_{0.025}\,(39)$ と下方信頼限界 $\chi^2_{0.975}\,(39)$ は，表から読みとることはできない。そこで自由度 40 と 30 の χ^2 値から次のように区間推定する。

$$\chi^2_{0.025}\,(39)=\chi^2_{0.025}\,(30)+(\chi^2_{0.025}\,(40)-\chi^2_{0.025}\,(30))\frac{39-30}{40-30}$$

$$=47.0+(59.3-47.0)\frac{39-30}{40-30}=58.07$$

$$\chi^2_{0.975}\,(39)=\chi^2_{0.975}\,(30)+(\chi^2_{0.975}\,(40)-\chi^2_{0.975}\,(30))\frac{39-30}{40-30}$$

$$=16.8+(24.4-16.8)\frac{39-30}{40-30}=23.64$$

Step 4 結論

> 信頼係数 95%のもとで
>
> 母平均は　　　$152.52\text{cm}\leqq\mu\leqq157.48\text{cm}$
>
> 母標準偏差は　　$6.56\text{cm}\leqq\sigma\leqq10.28\text{cm}$

確認のためのQ&A・7.4

(*Question*) ある企業が製造している電球の寿
命の母平均 μ と，母標準偏差 σ の95%信
頼区間を推定するために，大きさ $n=10$
の標本を抽出し，耐久時間のテストをした。
その結果は右のようであった。
これをもとに，μ と σ の95%信頼区間を
推定せよ。

i	X_i（時間）
1	2752
2	2563
3	2689
4	2405
5	2570
6	2477
7	2523
8	2549
9	2601
10	2594

(*Answer*)

(1) 標本平均 $\overline{X}$ と標本標準偏差 s を計算する。

$$\overline{X} = \frac{1}{n} \Sigma \overline{X} = \frac{1}{10} \times 25723 = 2572.3$$

$$s^2 = 9704.7$$

$$s = \sqrt{s^2} = 98.5123$$

(2) μ の推定（A−2 の方法を用いる。）

上限 $= \overline{X} + t \cdot s/\sqrt{n} = 2572.3 + 2.262 \times 98.5123/\sqrt{10} = 2642.77$

下限 $= \overline{X} - t \cdot s/\sqrt{n} = 2572.3 - 2.262 \times 98.5123/\sqrt{10} = 2501.83$

(3) σ の推定

上限 $= \sqrt{(n-1)s^2/\chi^2_{0.975}} = \sqrt{(10-1) \times 9704.7/2.70} = 179.86$

下限 $= \sqrt{(n-1)s^2/\chi^2_{0.025}} = \sqrt{(10-1) \times 9704.7/19.0} = 67.80$

P（2501.8 時間 $\leq \mu \leq$ 2642.8 時間）$= 0.95$
P（67.8 時間 $\leq \sigma \leq$ 179.9 時間）$= 0.95$

補論 $\dfrac{(n-1)s^2}{\sigma^2}$ が自由度 $n-1$ の χ^2 分布をする理由

　母平均が μ, 母標準偏差が σ の正規母集団から大きさ n の標本を抽出したとする。

　その標本の標本分散 s^2 が次のようなものであることは，第1章で学んだ。

$$s^2 = \frac{1}{n-1} \Sigma \ (X_i - \overline{X})^2$$

この標本分散 s^2 は，自由度 $(n-1)$ の χ^2 分布をする。

① 上の式の両辺を $(n-1)$ 倍してみると，

$$
\begin{aligned}
(n-1) \ s^2 &= \Sigma \ (X_i - \overline{X})^2 \\
&= \Sigma \ \{(X_i - \mu) + (\mu - \overline{X})\}^2 \\
&= \Sigma \ (X_i - \mu)^2 - n \ (\overline{X} - \mu)^2
\end{aligned}
$$

② この式の両辺を分散 σ^2 で割ると，

$$\frac{(n-1)s^2}{\sigma^2} = \Sigma \ (\frac{X_i - \mu}{\sigma})^2 - \Big(\frac{\overline{X} - \mu}{\sigma/\sqrt{n}}\Big)^2$$

移項して，

$$\Sigma \ (\frac{X_i - \mu}{\sigma})^2 = \Big(\frac{\overline{X} - \mu}{\sigma/\sqrt{n}}\Big)^2 + \frac{(n-1)s^2}{\sigma^2}$$

③ 上の式の左辺は自由度 n の χ^2 分布に従う。すなわち n 個の標準正規変数の二乗和である。右辺第1項は1個の標準正規変数の二乗であるから右辺第2項は $(n-1)$ 個の標準正規変数の二乗和にほかならない。したがって，$\dfrac{(n-1)s^2}{\sigma^2}$ は，自由度 $n-1$ の χ^2 分布に従う。

〔表7.1〕 χ²分布の確率

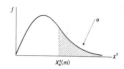

自由度	χ²以上である確率（α）													自由度
	.995	.990	.975	.950	.900	.750	.500	.250	.100	.050	.025	.010	.005	
1	.0⁴393	.0³157	.0³982	.0²393	.0158	.102	.455	1.32	2.71	3.84	5.02	6.63	7.88	1
2	.0100	.0201	.0506	.103	.211	.575	1.39	2.77	4.61	5.99	7.38	9.21	10.6	2
3	.0717	.115	.216	.352	.584	1.21	2.37	4.11	6.25	7.81	9.35	11.3	12.8	3
4	.207	.297	.484	.711	1.06	1.92	3.36	5.39	7.78	9.49	11.1	13.3	14.9	4
5	.412	.554	.831	1.15	1.61	2.67	4.35	6.63	9.24	11.1	12.8	15.1	16.7	5
6	.676	.872	1.24	1.64	2.20	3.45	5.35	7.84	10.6	12.6	14.4	16.8	18.5	6
7	.989	1.24	1.69	2.17	2.83	4.25	6.35	9.04	12.0	14.1	16.0	18.5	20.3	7
8	1.34	1.65	2.18	2.73	3.49	5.07	7.34	10.2	13.4	15.5	17.5	20.1	22.0	8
9	1.73	2.09	2.70	3.33	4.17	5.90	8.34	11.4	14.7	16.9	19.0	21.7	23.6	9
10	2.16	2.56	3.25	3.94	4.87	6.74	9.34	12.5	16.0	18.3	20.5	23.2	25.2	10
11	2.60	3.05	3.82	4.57	5.58	7.58	10.3	13.7	17.3	19.7	21.9	24.7	26.8	11
12	3.07	3.57	4.40	5.23	6.30	8.44	11.3	14.8	18.5	21.0	23.3	26.2	28.3	12
13	3.57	4.11	5.01	5.89	7.04	9.30	12.3	16.0	19.8	22.4	24.7	27.7	29.8	13
14	4.07	4.66	5.63	6.57	7.79	10.2	13.3	17.1	21.1	23.7	26.1	29.1	31.3	14
15	4.60	5.23	6.26	6.26	8.55	11.0	14.3	18.2	22.3	25.0	27.5	30.6	32.8	15
16	5.14	5.81	6.91	7.96	9.31	11.9	15.3	19.4	23.8	26.3	28.8	32.0	34.3	16
17	5.70	6.41	7.56	8.67	10.1	12.8	16.3	20.5	24.8	27.6	30.2	33.4	35.7	17
18	6.26	7.01	8.23	9.39	10.9	13.7	17.3	21.6	26.0	28.9	31.5	34.8	37.2	18
19	6.84	7.63	8.91	10.1	11.7	14.6	18.3	22.7	27.2	30.1	32.9	36.2	38.6	19
20	7.43	8.26	9.59	10.9	12.4	15.5	19.3	23.8	28.4	31.4	34.2	37.6	40.0	20
21	8.03	8.90	10.3	11.6	13.2	16.3	20.3	24.9	29.6	32.7	35.5	38.9	41.4	21
22	8.64	9.54	11.0	12.3	14.0	17.2	21.3	26.0	30.8	33.9	36.8	40.3	42.8	22
23	9.26	10.2	11.7	13.1	14.8	18.1	22.3	27.1	32.0	35.2	38.1	41.6	44.2	23
24	9.89	10.9	12.4	13.8	15.7	19.0	23.3	28.2	33.2	36.4	39.4	43.0	45.6	24
25	10.5	11.5	13.1	14.6	16.5	19.9	24.3	29.3	34.4	37.7	40.6	44.3	46.9	25
26	11.2	12.2	13.8	15.4	17.3	20.8	25.3	30.4	35.6	38.9	41.9	45.6	48.3	26
27	11.8	12.9	14.6	16.2	18.1	21.7	26.3	31.5	36.7	40.1	43.2	47.0	49.6	27
28	12.5	13.6	15.3	16.9	18.9	22.7	27.3	32.6	37.9	41.3	44.5	48.3	51.0	28
29	13.1	14.3	16.0	17.7	19.8	23.6	28.3	33.7	39.1	42.6	45.7	49.6	52.3	29
30	13.8	15.0	16.8	18.5	20.6	24.5	29.3	34.8	40.3	43.8	47.0	50.9	53.7	30
40	20.7	22.2	24.4	26.5	29.1	33.7	39.3	45.6	51.8	55.8	59.3	63.7	66.8	40
50	28.0	29.7	32.4	34.8	37.7	42.9	49.3	56.3	63.2	67.5	71.4	76.2	79.5	50
60	35.5	37.5	40.5	43.2	46.5	52.3	59.3	67.0	74.4	79.1	83.3	88.4	92.0	60
100	67.3	70.1	74.2	77.9	82.4	90.1	99.3	109.1	118.5	124.3	129.6	135.8	140.2	100

注： .0⁴393＝0.0000393
　　 .0³157＝0.000157

第7章の練習問題

1. A 社が販売している牛乳 1ℓ に含まれる脂肪の量を調べた。大きさ 10 の標本を抽出して，標本標準偏差 s を測ったら，6mg であった。95% の信頼係数のもとで母標準偏差 σ を区間推定せよ。

(*Answer*)

$s = 6$ であるから $s^2 = 36$

$n = 10$ であるから $m = n - 1 = 9$

〔表 7.1〕から

$\chi^2_{0.975}(9) = 2.70 \qquad \chi^2_{0.025}(9) = 19.0$

σ の上方信頼限界 $= \sqrt{(10-1) \times 36 / 2.70} = 10.9545$

σ の下方信頼限界 $= \sqrt{(10-1) \times 36 / 19.0} = 4.1295$

母標準偏差 σ の 95% 信頼限界は

母標準偏差 $4.13\text{mg} \leqq \sigma \leqq 10.95\text{mg}$

2. ある植林地で，苗木を植えてから 10 年たった木の高さの散らばり具合を知るために母標準偏差 σ を推定したい。そのために，10 本の木を切り出したところ，以下の高さであった。

10.5　9.7　9.5　10.1　11.0　9.4　9.5　10.2　10.5　10.0 (m)

このデータをもとに，母標準偏差 σ を 99% 信頼係数のもとで区間推定せよ。

(*Answer*)

$s = 0.5253, \quad s^2 = 0.276$

$n = 10, \qquad m = n - 1 = 9$

$\chi^2_{0.005}(9) = 23.6 \qquad \chi^2_{0.995}(9) = 1.73$

上限 $= \sqrt{(n-1)s^2 / \chi^2_{0.995}} = \sqrt{(10-1) \times 0.276 / 1.73} = 1.1983$

下限 $= \sqrt{(n-1)s^2 / \chi^2_{0.005}} = \sqrt{(10-1) \times 0.276 / 23.6} = 0.3244$

信頼係数 99% のもとで

母標準偏差 $0.32\text{m} \leqq \sigma \leqq 1.20\text{m}$

3.　あるクラスの試験の点数の母平均と，母標準偏差 σ の信頼区間を推定
したい。そのために，大きさ $n=10$ の標本を抽出した。

標本平均は 70 点，標本標準偏差 7 点であった。

これだけのデータをもとに，μ と σ を 95% 信頼係数のもとで，区間推
定せよ。

(*Answer*)

$n=10,\ \overline{X}=70,\ s=7,\ s^2=49$

μ の推定

σ が未知で，小標本であるから（A−2）の方法をとる。

ただし，自由度は $n-1=9$

$t_{0.05}=2.262$

上限 $=\overline{X}+t\times s/\sqrt{n}=70+2.262\times7/\sqrt{10}=75.0072$

下限 $=\overline{X}-t\times s/\sqrt{n}=70-2.262\times7/\sqrt{10}=64.9928$

σ の推定

χ^2 分布の自由度 $m=n-1=9$

$\chi^2_{0.025}(9)=19.0$　　　$\chi^2_{0.975}(9)=2.70$

上限 $=\sqrt{(n-1)s^2/\chi^2_{0.975}}=\sqrt{(10-1)49/2.70}=12.7802$

下限 $=\sqrt{(n-1)s^2/\chi^2_{0.025}}=\sqrt{(10-1)49/19.0}=4.8177$

信頼係数 95% のもとで

母平均　　　65.0 点 $\leqq\mu\leqq75.0$ 点

母標準偏差　4.82 点 $\leqq\sigma\leqq12.8$ 点

4.　ある車種の燃料効率を調べ，商品性能表に記入したい。

そのために 100 台の燃料効率を測定したところ，平均は $9.7\mathrm{km}/l$，標
準偏差は $0.8\mathrm{km}/l$ であった。

これらの情報を用いて，母平均 μ と母標準偏差 σ を 95% 信頼係数のも
とで区間推定せよ。

（工業製品の性能についてのこの種の推計は実際にひんぱんに行なわれ
る。諸君もこの使い方に習熟しておくと，おおいに役立つであろう。）

(*Answer*)

$n=100,\ \overline{\mathrm{X}}=9.7,\ s=0.8,\ s^2=0.64$

μ の推定

σ が未知で，大標本であるから（A-3）の方法をとる。

$z=1.96$

上限$=\overline{\mathrm{X}}+z\times s/\sqrt{n}=9.7+1.96\times0.8/\sqrt{100}=9.8568$

下限$=\overline{\mathrm{X}}-z\times s/\sqrt{n}=9.7-1.96\times0.8/\sqrt{100}=9.5432$

σ の推定

χ^2 分布の自由度 $m=n-1=99$

$\chi^2_{0.025}(99)=128.4425 \qquad \chi^2_{0.975}(99)=73.3575$

上限$=\sqrt{(n-1)s^2/\chi^2_{0.975}}=\sqrt{(100-1)0.64/73.3575}=0.9294$

下限$=\sqrt{(n-1)s^2/\chi^2_{0.025}}=\sqrt{(100-1)0.64/128.4425}=0.7023$

信頼係数 95%のもとで

母平均　　　$9.54\mathrm{km}/l\leqq\mu\leqq9.86\mathrm{km}/l$

母標準偏差　$0.70\mathrm{km}/l\leqq\sigma\leqq0.93\mathrm{km}/l$

$$\left[\begin{array}{l}\chi^2_{0.025}\ \text{と}\ \chi^2_{0.975}\ \text{は次のようにして線型補間推計した。}\\[4pt]\chi^2_{0.025}(99)=83.3+(129.6-83.3)\ \dfrac{99-60}{100-60}=128.4425\\[8pt]\chi^2_{0.975}(99)=40.5+(\ 74.2-40.5)\ \dfrac{99-60}{100-60}=\ 73.3575\end{array}\right]$$

第8章　仮説検定

　仮説検定 (test of hypothesis) は，第5〜7章で学んだ推定 (estimation) と並んで，統計学の重要な分析方法である。

　仮説検定については，学ぶべき事項が非常に多いが，統計学入門の段階では次のテーマにしぼって集中的に学ぶことにしよう。

8.1　統計的仮説検定の考え方

(1)　仮説検定はどのような時に必要か

　科学的分析や実際の実務の上で，原因の究明，犯罪の推理などで，**仮説を立ててそれを証明する**という方法が使われる。この方法は，一般には**仮説の検証** (**proof of hypothesis**) と呼ばれている。

　統計学でも，仮説を立ててそれを検証するという方法を使う。統計学では**仮説検定** (**test of hypothesis**) という。**統計的仮説検定**と呼ぶこともある。

　仮説検定が必要な場合は，大別して次のような2つのタイプに分けられる。
　(a)　「主張すべき理論や主張すべき事柄」をはっきりととらえることが困難な場合

　　　「主張すべき理論や主張すべき事柄」に対立する仮説を立てて，その仮説の検定を行ない，それが肯定されない限りは，もとの「主張すべき理論や主張すべき事柄」を「正しい」と考える。

　(b)　「主張すべき理論や主張すべき事柄」をはっきりととらえることができる場合

　　　「主張すべき理論や主張すべき事柄」を仮説とし，それを裏付けることができたならば，その「主張すべき理論や主張すべき事柄」を「正しい」と考える。

(a)のタイプの仮説検定の事例；

①池の魚の死亡数が急に増えた。「死亡数が増えたのは水が古くなったためだ」と主張する人がいる。この主張（仮説）を確かめるために古い水に魚を入れる実験を行なうと，再び大量の魚が死んでしまうかもしれない。そこで次のような対立仮説を立てる。

　　仮説：死亡数が増えたのは水が古くなったためではない。

この対立仮説が立証できなければ（例えば，他の条件を一定として，水が古くなっていない池で死亡数の増加が確認されなければ）「魚の死亡数が増加した原因は水が古くなったため」という主張は正しいことになる。

②朝顔の花は朝になると開く。これは，「朝になればまわりが明るくなるからだ」と言う人がいる。この主張を仮説とし，それを確かめようとしても，朝になれば必ず明るくなり，朝顔の花は必ず開くから，この仮説は検証できない。そこで次の対立仮説を立てる。

　　仮説：朝になれば，まわりの明るさに関係なく朝顔の花は開く。

この仮説ならば，朝になっても明るくならない部屋に朝顔を置き，花が開くかどうかを確かめればよい。もし，その暗い部屋で花が開かなければ，「朝になればまわりが明るくなるからだ」という仮説が支持されることになる。

(b)のタイプの仮説検定の事例；

①「新製品の養毛剤を使うと，新しい頭髪が1日に100本以上生える」という。本当か？

　　仮説：この薬を使うと1日に100本以上の頭髪が生えるを検定する。

この仮説が証明されなければ，この養毛剤の効果の表現は誤りである。

②「新しい宣伝広告を新聞に出すと，その後1週間はデパートの売り上げが伸びる」という。本当か。

　　仮説：新聞広告を出してから1週間について，前の週の売り上げに対する増加率を計算すると，プラスになるを検定する。

この仮説が立証されなければ，新聞広告をする意味がない。

以上の(a)，(b)の事例のうち，この統計学入門で扱うのは主として(a)の事例のようなタイプの仮説検定である。

(2)　統計的仮説検定の基本ステップ

　統計的仮説検定にはさまざまの分析の手順がある。じかしその基本は，次のようなステップである。

　以下のステップを最初から暗記しようとするな！

　次ページ以後の目次のつもりで目を通すだけでよい。次ページ以後を学びながら，このページをもう一度見て確認するとよくわかる。

Step 1　仮説を設定する。

　　　　次の(3)で詳しく説明するが，**帰無仮説**と**対立仮説**という独特の仮説の立て方をする。仮説は，母集団の特性値（母平均 μ や母標準偏差 σ）がいくらである，という形で表現する。

Step 2　仮説を検定するための**検定統計量**を決める。

　　　　母平均 μ に関する仮説を検定するには標本平均 $\overline{X}$ を用いる。

　　　　このように検定のために<u>標本から得られた情報</u>を**検定統計量**という。

Step 3　検定統計量の**棄却域**を決める。

　　　　有意水準（ある仮定を設定したとき，めったに起こらない事象が起こる確率）を設定する。

　　　　標準正規分布（z の分布）や t の分布の上で**棄却域**（この有意水準に相当する領域）を統計数値表から求める。（標準正規分布を用いる場合と t 分布を用いる場合の違いについては，後で説明する。）

　　　　標準正規分布（z の分布）や t 分布で表わされた臨界値（**棄却域**とその他の領域の境界線）を検定統計量の尺度に変換する。

Step 4　検定統計量の値を計算して，棄却域に入るか，否かを調べる。

　　　　棄却域に入れば，**帰無仮説**が棄却される。

　　　　帰無仮説が棄却されれば**対立仮説**は採択される。

　　　　棄却域に入らなければ，**帰無仮説**は棄却されない。

　　　　帰無仮説が棄却されなければ**対立仮説**は採択されない。

(3) **仮説の設定**

統計的仮説検定では，仮説を表現する方法として，

> **帰無仮説（null hypothesis）**　　　　　記号 H_0 と
> **対立仮説（alternative hypothesis）**　　記号 H_1 を

対置する方法をとる。

実例　「ある工場の製品（電球）の寿命の母平均は 2500 時間より大きい」という仮説を統計的に検証したい。

この時，仮説は次のように設定する。

　帰無仮説　$H_0 : \mu = 2500$（意味：母平均は 2500 時間である）

　対立仮説　$H_1 : \mu > 2500$（意味：母平均は 2500 時間より大きい）

帰無仮説を棄却（否定）することによって，対立仮説（本当に主張したい仮説）は棄却できないことを証明するのである。

帰無仮説は記号（$H_0 :$）を用いる。その右側に文章または式で帰無仮説の内容を書く。

対立仮説は記号（$H_1 :$）を用いる。その右側に文章または式で対立仮説の内容を書く。

確認のためのQ&A・8.1

（*Question*）「ある発展途上国の半導体製造工場の不良品発生率は平均 0.05 より大きい」という仮説を検定したい。この時，どのように仮説を設定し，何を検定すればよいか。

（*Answer*）

　帰無仮説　$H_0 : \mu = 0.05$（平均不良品発生率は 0.05）

　対立仮説　$H_1 : \mu > 0.05$（平均不良品発生率は 0.05 より大きい）

　H_0 を棄却（否定）できなければ，H_1 の仮説は採択されない。

　H_1 を棄却できなければ，H_1 の仮説は採択される。

なぜこのようなまわりくどい方法をとるのか

　帰無仮説など立てないでストレートに仮説を立てる方がよいのではないか。なぜそうしないのか。それには次のような理由がある。

　理由1.　統計的仮説は，仮説が偽である（正しくない）ことは立証可能であるが，真である（正しい）ことを積極的に立証することは困難な場合が多い。

　　　　　（8.1節の（a），（b）の実例や，確認のためのQ&A・8.1を見よ。）

　　　　　それ故，検定統計量が有意水準に相当する領域（有意に大きい範囲または有意に小さい範囲）に入ると，仮説を棄却（否定）するという方法をとる。このことを**仮説検定の非対称性**という。

　　　　　この非対称性があるために，標本データから得られた検定統計量によって，帰無仮説 H_0 が偽であることを立証して，H_0 を棄却し，H_0 と対立する仮説 H_1 が正しいことを主張する，という方法をとる。

　理由2.　統計的仮説検定には，2種類の過誤の可能性がつきまとう。

　　　　　第1種の過誤＝帰無仮説 H_0 が正しいのに，正しい H_0 を棄却して，正しくない対立仮説 H_1 を採択するという誤り。

　　　　　（8.1節の（b）①の実例についていえば，ダミーの帰無仮説 H_0〔新養毛剤を使うと1日に100本頭髪が生える〕が正しい場合に，それを棄却してしまう，という誤り）

　　　　　第2種の過誤＝対立仮説 H_1 が正しいのに，正しい対立仮説 H_1 を採択しないという誤り。

　　　　　（本来の仮説である対立仮説 H_1〔100本以上生える〕が正しいのにこれを棄却してしまう，という誤り）

　　　　　帰無仮説と対立仮説を対置する，という方法をとると，有意水準（ある仮説を設定したときに，めったに起こらない事象が起こる確率）は，第1の過誤を引き起こす確率に相当することになる。

　　　　第2種の過誤の大きさを事前に調節することはできない。そこで，第1種の過誤が第2種の過誤に比較して重要な過誤になるように仮説を設定する。

⑷ 検定統計量の決定

母平均 μ の値に関する仮説検定では，検定の手掛かりとして標本平均 $\overline{X}$ を使う。このように検定の手掛かりとなる統計量を**検定統計量**という。

検定統計量は，標本から得られる統計量である。

検定統計量は，z（標準正規分布）や t（t 分布）に変換することができ，有意水準に基づく判断がしやすいものを選ぶ。

実際にどのようにするかは，8.2 節以降の実例で学ぶことにしよう。

⑸ 棄却域

<u>帰無仮説が正しいという前提</u>で，検定統計量の分布を想定する。

その分布の上で，信頼係数（例えば 95%）に対応する有意水準（5%）の範囲を**棄却域**という。

検定統計量が棄却域に入れば，帰無仮説は棄却される。

棄却域の大きさは，分析目的に応じて適当に設定する。

一般には，5%有意水準，1%有意水準のいずれかを用いる。

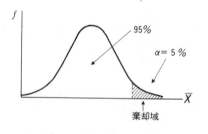

（注意：棄却域の大きさ〔有意水準〕は，100%から 95%を引いて，5%有意水準と呼ぶ習慣がある。）

8.1 復習

仮説の設定
検定統計量の母集団はAだ，Aでない，という仮説を立てる。

検定統計量の決定
その仮説を確かめるのに適当な情報を標本から得る。

得られた検定統計量を有意水準に基づく判断
をしやすい標準正規分布や t 分布に変換する。

変換された検定統計量の分布の上で分析目的に応じた棄却域を設定する。

8.2　母平均 μ に関する仮説検定 ― 対立仮説が不等式の場合 ―

(1)　母標準偏差 σ が既知の場合の仮説検定

母平均 μ の推定の場合に用いた式を思い出せ。

$$上限 \mu = \overline{X} + z \cdot \sigma / \sqrt{n}$$
$$下限 \mu = \overline{X} - z \cdot \sigma / \sqrt{n}$$

この μ の下限を求める式を（$\overline{X}=\cdots\cdots$）の形に書き直すと，$\overline{X}$ の上限を求める式が導出できる。

$$\overline{X} = \mu + z \cdot \sigma / \sqrt{n} \cdots\cdots\cdots\cdots\cdots\cdots\cdots\cdots\cdots\cdots\cdots(1)$$

$\overline{X}$ の臨界値は，$C_{\overline{x}}$ と書く。z の臨界値は，C_z と書く。

(1)式の z に C_z（z の臨界値）を代入すると(1)式は $C_{\overline{x}}$（$\overline{X}$ の臨界値）の式になる。

$$C_{\overline{x}} = \mu + C_z \cdot \sigma / \sqrt{n} \cdots\cdots\cdots\cdots\cdots\cdots\cdots\cdots\cdots\cdots\cdots(2)$$

(2)式で，μ（母平均の帰無仮説の値）

$\qquad \sigma$（母標準偏差）

$\qquad n$（標本サイズ）

$\qquad C_z$（z の臨界値：5%有意水準（または1%有意水準）の z の値）

がわかれば，$C_{\overline{x}}$（$\overline{X}$ の臨界値）が計算できる。

検定統計量 $\overline{X}$（標本平均）が $C_{\overline{x}}$ より大きければ，帰無仮説 H_0 は棄却される。

$$\overline{X} > C_{\overline{x}} \quad\underbrace{\qquad}\quad \begin{cases} 帰無仮説（H_0 : \mu = \bigcirc\bigcirc\bigcirc\bigcirc）は棄却される。 \\ 故に， \\ 対立仮説（H_1 : \mu > \bigcirc\bigcirc\bigcirc\bigcirc）は採択される。 \end{cases}$$

$$\qquad\qquad\qquad\qquad\qquad\qquad（棄却できない。）$$

$$\overline{X} \leqq C_{\overline{x}} \quad\underbrace{\qquad}\quad \begin{cases} 帰無仮説は棄却できない。 \\ 故に， \\ 対立仮説は棄却される。 \end{cases}$$

$$\qquad\qquad\qquad\qquad（採択されない。）$$

実例 単3乾電池を製造している会社がある。従来の製品の寿命は平均180時間（$\mu=180$），標準偏差は20時間（$\sigma=20$）であった。この会社が新しい製造方法を導入した結果，新製品の寿命は従来の180時間より長くなったと会社では言っている。

このことを確かめるために「新製品の寿命は180時間より長い（$\mu>180$）」という仮説を検定する。

そのために $n=100$ の標本を抽出し，寿命の標本平均を調べたら，$\overline{X}=198$ 時間であった。5%有意水準で仮説検定を行なう。

Step 1 　使える情報を整理する。

$$\mu=180, \quad \sigma=20, \quad n=100, \quad \overline{X}=198, \quad \alpha=0.05$$

Step 2 　仮説を設定する。

$$H_0 : \mu=180 \quad （帰無仮説）$$
$$H_1 : \mu>180 \quad （対立仮説）$$

Step 3 　検定統計量は $\overline{X}=198$ である。

$\overline{X}$ は標準化すれば，$z=\dfrac{\overline{X}-\mu}{\sigma/\sqrt{n}}$ になるから，

z の分布の上で，5%有意水準が求められる。

z の5%有意水準の臨界値

　　〔表4.2〕から，

　　　　$C_z=1.645$

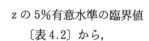

Step 4 　$\overline{X}$ の臨界値 $C_{\overline{X}}=\mu+C_z\cdot\sigma/\sqrt{n}$

$$=180+1.645\times20/\sqrt{100}=183.29$$

　　棄却域は，$\overline{X}>183.29$

Step 5 　検定：標本平均 $\overline{X}=198$ 時間は，棄却域の中に入る。

　　故に，帰無仮説は棄却される。

　　故に，対立仮説は棄却できない（＝採択される）。

　結論：新製品の乾電池の寿命は従来の寿命（180時間）より有意に長い。

確認のためのQ&A・8.2

ある百貨店の従来の1日平均売り上げは2億円で，1日の売り上げの標準偏差は0.1億円であった。売り上げ増大を狙って，店を大改造した。評判は上々である。売り上げへの影響を調べるために，25日間の売り上げ調査をした。標本平均は2.3億円であった。

(*Question*)　「店の大改造によって，売り上げが増大した」ということを5%有意水準で仮説検定せよ。

(*Answer*)　仮説の設定　　$H_0 : \mu = 2$（億円）

$H_1 : \mu > 2$（億円）

検定統計量　　$\overline{X} = 2.3$

z の臨界値と棄却域　　$C_z = 1.645$

z の棄却域　$z > 1.645$

z の臨界値と棄却域　　$C_{\overline{X}} = \mu + C_z \cdot \sigma / \sqrt{n}$

$= 2 + 1.645 \times 0.1 / \sqrt{25}$

$= 2.0329$

$\overline{X}$ の棄却域　$\overline{X} > 2.0329$（億円）

検定　　　$\overline{X}$ は $C_{\overline{X}}$ より大 ——→ 棄却域に入る。

故に，H_0 は棄却される。

故に，H_1 は採択される。

結論：店の大改造によって，売り上げは有意に増加したといえる。

ここまでは母平均 μ に関する仮説検定として(1)母標準偏差 σ が既知の場合を学習してきた。(2), (3)ではこの σ が未知の場合の仮説検定を学ぶ。

確認／仮説検定の3つのケース

(1)　母標準偏差 σ が既知の場合

(2)　母標準偏差 σ が未知の場合（標本が小さい場合）

(3)　母標準偏差 σ が未知の場合（標本が大きい場合）

第7章で学んだ母数の推定を思い出そう。

(2) 母標準偏差 σ が未知の場合の仮説検定（小標本の場合）

母平均 μ の推定の場合に用いた式を思い出せ。

$$上限\mu = \overline{X} + t \cdot s / \sqrt{n}$$
$$下限\mu = \overline{X} - t \cdot s / \sqrt{n}$$

この μ の下限を求める式を（$\overline{X}$＝……）の形に書き直すと，$\underline{\overline{X}\text{ の上限を求め}}$る式が導出できる。

$$\overline{X} = \mu + t \cdot s / \sqrt{n} \quad\cdots\cdots\cdots\cdots\cdots\cdots\cdots\cdots\cdots\cdots\cdots(3)$$

(3)式の t に C_t（t の臨界値）を代入すると，(3)式は $C_{\overline{x}}$（$\overline{X}$ の臨界値）の式になる。

$$C_{\overline{x}} = \mu + C_t \cdot s / \sqrt{n} \quad\cdots\cdots\cdots\cdots\cdots\cdots\cdots\cdots\cdots\cdots\cdots(4)$$

(4)式で，μ（母平均の帰無仮説の値），

$\qquad$ s（標本の標準偏差），

$\qquad$ n（標本サイズ），

$\qquad$ C_t（t の臨界値）　　がわかれば，

$C_{\overline{x}}$（$\overline{X}$ の臨界値）が計算できる。

実例　単3乾電池を製造している会社がある。従来，単3乾電池の寿命は母平均 μ＝180 時間であった。母標準偏差についての情報はない。今，この会社が新しい技術を導入し，その結果，新製品の寿命は 180 時間より伸びたと考えられる。

このことを確かめるために「新製品の寿命は 180 時間より長い（$\mu > 180$)」という仮説を検定する。

そのために標本サイズ n＝20 の標本を抽出し，寿命の標本平均を調べたら $\overline{X}$＝198 時間，標本標準偏差 s＝15 時間であった。5％有意水準で仮説検定を行なう。

Step 1　使える情報を整理する。

$\qquad$ $\mu = 180,\ n = 20,\ \overline{X} = 198,\ s = 15,\ \alpha = 0.05$

Step 2　仮説を設定する

$\qquad\qquad$ $H_0 : \mu = 180$　（帰無仮説）

$\qquad\qquad$ $H_1 : \mu > 180$　（対立仮説）

Step 3　検定統計量は$\overline{X}=198$である。

Step 4　tの臨界値と棄却域

　　　　5%有意水準を設定する。

　　　　〔表6.1〕から自由度$20-1=19$

　　　　片側0.05のtの臨界値C_tは

　　　　　$C_t=1.729$

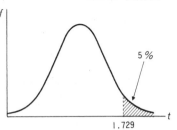

Step 5　$\overline{X}$の臨界値 $C_{\overline{X}}=\mu+C_t\cdot s/\sqrt{n}=180+1.729\times15/\sqrt{20}=185.80$

　　　　棄却域は，$\overline{X}>185.80$

Step 6　検定：標本平均$\overline{X}=198$時間は，棄却域の中に入る。

　　　　故に，帰無仮説 $H_0:\mu=180$ は棄却される。

　　　　故に，対立仮説 $H_1:\mu>180$ は棄却できない（＝採択される）。

　結論：新製品の乾電池の寿命は従来の寿命（180時間）より有意に長い。

確認のためのQ&A・8.3

　A百貨店の従来の1日平均売り上げは2億円であった。売り上げ増大を狙って店を大改造した。評判は上々である。売り上げへの影響を調べるために25日間にわたって売り上げ調査をした。その結果，標本平均$\overline{X}$は2.3億円，標本標準偏差は0.08億円であった。

（*Question*）「店の大改造によって，売り上げが増大した」という仮説を検定せよ。

（*Answer*）　仮説の設定　　 $H_0:\mu=2$（億円）　 $H_1:\mu>2$（億円）

　　　　　　　検定統計量　　 $\overline{X}=2.3$　$(s=0.08)$

　　　　　　　tの臨界値　　 $C_t=1.711$（自由度$25-1=24$のtの5%の有意水準）

$\overline{X}$の臨界値と棄却域　 $C_{\overline{X}}=\mu+C_t\cdot s/\sqrt{n}=2+1.711\times0.08/\sqrt{25}=2.027$（億円）

　　　　　　　　　　棄却域　　 $\overline{X}>2.027$

検定　　　　　　　　　 $\overline{X}$ は $C_{\overline{X}}$ より大。棄却域に入る。

　　　　　　　　　　　　故に，H_0 は棄却される。

　　　　　　　　　　　　故に，H_1 は採択される。

　結論：店の大改造によって売り上げは有意に増加した。

(3) 母標準偏差 σ が未知の場合の仮説検定（大標本の場合）

母平均 μ の推定の場合に用いた式を思い出せ。

$$上限 \mu = \overline{X} + z \cdot s / \sqrt{n}$$

$$下限 \mu = \overline{X} - z \cdot s / \sqrt{n}$$

この μ の下限を求める式を（$\overline{X}=$……）の形に書き直すと，$\overline{X}$ の上限を求める式が導出できる。

$$\overline{X} = \mu + z \cdot s / \sqrt{n} \quad\cdots\cdots\cdots\cdots\cdots\cdots\cdots\cdots\cdots\cdots\cdots(5)$$

(5)式の z に C_z（z の臨界値）を代入すると，(5)式は $C_{\overline{X}}$（$\overline{X}$ の臨界値）の式になる。

$$C_{\overline{X}} = \mu + C_z \cdot s / \sqrt{n} \quad\cdots\cdots\cdots\cdots\cdots\cdots\cdots\cdots\cdots(6)$$

(6)式で μ（母平均の帰無仮説の値），

$\quad\quad\quad s$（標本の標準偏差），

$\quad\quad\quad n$（標本サイズ），

$\quad\quad\quad C_z$（z の臨界値）がわかれば，

$C_{\overline{X}}$（$\overline{X}$ の臨界値）が計算できる。

実例 乾電池を製造している会社がある。従来の製品の寿命は平均 180 時間であった。この会社が新しい製品を開発した。新製品の寿命は従来の 180 時間より長くなったつもりであるが，自信はない。そこで，「新製品の寿命は 180 時間より長い（$\mu>180$）」という仮説を検定したい。そのために，標本サイズ $n=100$ の標本を抽出した。標本平均は 181 時間，標本標準偏差は 5 時間であった。5%有意水準と 1%有意水準の両方について検定せよ。

Step 1 使える情報を整理する。

$\quad\quad\mu=180, \quad n=100, \quad \overline{X}=181, \quad s=5, \quad \alpha=0.05, \quad 0.01$

Step 2 仮説を設定する。

$$\quad\quad\quad H_0 : \mu=180 \quad\quad （帰無仮説）$$

$$\quad\quad\quad H_1 : \mu>180 \quad\quad （対立仮説）$$

Step 3 検定統計量は $\overline{X}=181$（$s=5$）

Step 4 z の臨界値 $\quad$ 5%有意水準 $\quad C_{z(0.05)}=1.645$

$\quad\quad\quad\quad\quad\quad\quad\quad\quad$ 1%有意水準 $\quad C_{z(0.01)}=2.325$

Step 5　$\overline{\mathrm{X}}$ の臨界値

　　　　5%有意水準　$C_{\overline{\mathrm{X}}(0.05)}=180+1.645\times5\big/\sqrt{100}=180.82$

　　　　1%有意水準　$C_{\overline{\mathrm{X}}(0.01)}=180+2.325\times5\big/\sqrt{100}=181.16$

Step 6　検定(1)　標本平均$\overline{\mathrm{X}}=181$ 時間は 5%棄却域の中に入る。

　　　　　　　　故に，帰無仮説は 5%有意水準では棄却される。

　　　　　　　　故に，対立仮説は 5%有意水準では採択される。

　　　　(2)　$\overline{\mathrm{X}}=181$ 時間は，1%棄却域には入らない。

　　　　　　　　故に，帰無仮説は 1%有意水準では棄却できない。

　　　　　　　　故に，対立仮説は 1%有意水準では採択されない。

結論：新製品の乾電池の寿命は，5%有意水準では従来の寿命，180 時間よ
　　　り有意に長くなったといえる。しかし，1%有意水準では従来の寿命
　　　より有意に長くなったとはいえない。

確認のためのQ&A・8.4

　A百貨店の従来の 1 日平均売り上げは 2 億円であった。売り上げの増
加を狙って，新聞に全面広告を出した。その後，広告の効果を調べるた
めに，60 日間にわたって売り上げ調査をした。

その結果，標本平均$\overline{\mathrm{X}}$ は 2.05 億円，標本標準偏差は 0.02 億円であった。

(*Question*)　「広告の効果で，売り上げが増大した」という仮説を，1%
　　　　有意水準で仮説検定せよ。

(*Answer*)

仮説の設定　$H_0:\mu=2$（億円）　$H_1:\mu>2$（億円）

検定統計量　$\overline{\mathrm{X}}=2.05$（$s=0.02$）

zの臨界値　$C_z=2.325$

$\overline{\mathrm{X}}$ の臨界値　$C_{\overline{\mathrm{X}}}=2+2.325\times0.02\big/\sqrt{60}=2.0058$

検定　$\overline{\mathrm{X}}$ は $C_{\overline{\mathrm{X}}}$ より大 ───→ 棄却域に入る。

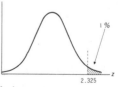

　　　　　故に，H_0 は棄却される。

　　　　　故に，H_1 は採択される。

　結論：新聞広告によって売り上げは有意に増加した。

8.3 応 用

(1) 棄却域が負の側に来る場合の片側検定

8.2節の(1), (2), (3)は, いずれも,「母平均 μ が増加した」という仮説を検定することを学んだ。

実際には「μ が減少した」という仮説を検定する必要も生ずる。

その場合には, 対立仮説の不等号が反対になる。今まで繰り返し用いた実例（乾電池の寿命）を用いて説明する。

実例 乾電池を作っている工場がある。従来, 平均寿命は180時間であった。

しかし, 最近消費者から苦情がきて,「そんなには長持ちしない」という。

そこで標本30本を抽出して調べたところ, 標本平均 $\overline{X}=175$ 時間, 標本標準偏差 $s=6$ 時間であった。

「平均寿命は180時間より短い」という仮説を5%有意水準で検定せよ。

（注意1） 母標準偏差 σ が未知で, 小標本 $(n=30)$ であるから, 前節の(2)の方法を用いる。

（注意2） 今度は $C_{\overline{X}}$ の下方限界を求めるから,

$$C_{\overline{X}}=\mu-C_t \cdot s/\sqrt{n}$$
$$棄却域は, \overline{X}<C_{\overline{X}}$$

Step 1 使える情報を整理する。

$\mu=180$, $n=30$, $\overline{X}=175$,
$s=6$, $\alpha=0.05$

Step 2 仮説を設定する。

$H_0: \mu=180$ （帰無仮説）

$H_1: \mu<180$ （対立仮説）

Step 3 検定統計量は $\overline{X}=175$ $(s=6)$

Step 4 $C_t=1.699$

〔表6.1〕で自由度 $30-1=29$, 片側5%の t 値を求める）

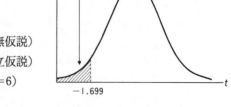

Step 5　$\overline{X}$ の臨界値　$C_{\overline{X}}=\mu-C_t\cdot s/\sqrt{n}$
$$=180-1.699\times6/\sqrt{30}$$
$$=178.14$$

棄却域　$\overline{X}<178.14$

Step 6　検定　$\overline{X}=175$ は $\overline{X}$ の棄却域（$\overline{X}<178.14$）に入っている。

故に，帰無仮説は棄却される。

故に，対立仮説は採択される。

結論：この乾電池の寿命は，母平均 $\mu=180$ 時間よりも有意に短い。

(2)　両側検定

いままでの例では，「母平均 μ が増加した」あるいは，「母平均 μ が減少した」というように，事前に変化の方向がわかっている場合であった。

実際にはプラス・マイナスにかかわらず，「μ が変化した」という仮説を検定する必要も生ずる。その場合には，対立仮説は「$\neq$」を用いて表わされることになる。また，棄却域は両側に現れることになる。

実例　ある小型モーターの軸の直径が 5mm であるとする。もしもその直径が小さすぎたり大きすぎたりすると，モーターがうまく作動しなくなる。モーター製造業者は納入された軸から標本を抽出し，直径が 5mm になっているかどうかを検定したい。

どのように帰無仮説と対立仮説を設定するか。

また，20 個の標本を抽出した結果，標本平均が 4.9995mm，標本標準偏差が 0.0002mm であった場合について，仮説検定を行なってみる。

（注意 1 ）　母標準偏差 σ が未知で，小標本（$n=20$）であるから，前節の(2)の方法を応用すればよい。

（注意 2 ）　今度は $C_{\overline{X}}$ の上方および下方の両方の臨界値を求めなければならない。

（上方限界）　$C^U_{\overline{X}}=\mu+C_t\cdot s/\sqrt{n}$

（下方限界）　$C^L_{\overline{X}}=\mu-C_t\cdot s/\sqrt{n}$

棄却域は，$\overline{X}>C^U_{\overline{X}}$，および $\overline{X}<C^L_{\overline{X}}$

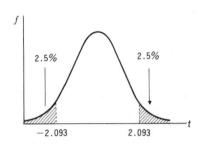

Step 1　仮説の設定　$H_0 : \mu = 5$

　　　　　　　　　　$H_1 : \mu \neq 5$

Step 2　検定統計量　$\overline{X} = 4.9995$　($s = 0.0002$)

Step 3　t　の臨界値　$C_t = 2.093$

　　　　　　　　（〔表 6.1〕で自由度 $20-1=19$，両側 5%の t 値を求める）

Step 4　$\overline{X}$ の臨界値

　　　　　　　標本平均$\overline{X} = 4.9995$ は帰無仮説 $\mu = 5$ より小さいことは明らかであ
　　　　　　　るから，下方限界のみを求めればよい。

$$C^L_{\overline{X}} = \mu - C_t \cdot s / \sqrt{n}$$

$$= 5 - 2.093 \times 0.0002 / \sqrt{20}$$

$$= 4.9999$$

　　　　　　　棄却域　$\overline{X} = 4.9995 < 4.9999$

Step 5　検定　$\overline{X} = 4.9995$ は$\overline{X}$ の棄却域（$\overline{X} < 4.9999$）に入っている。

　　　　　　　　　故に，帰無仮説は棄却される。

　　　　　　　　　故に，対立仮説は採択される。

　　結論：この軸の直径は，有意に 5mm とは異なる。

以上，母数のうち「母平均 μ が実際に変化したのか，またしていないのか」
ということを標本から確かめる手段を学んだ。もう一度よく確かめてみよう。

母平均 μ が「増加したのではないか」⇒8.2(1)(2)(3)正の側の片側検定

　　　　　　　「減少したのではないか」⇒8.3(1)負の側の片側検定

　　　　　　　「増減はわかならいが変化したのではないか」⇒8.3(2)両側検定

⑶　母標準偏差 σ に関する検定

いままでは，母平均 μ に関する検定であったが，同じ方法を母標準偏差 σ に関する検定にも応用できる。

第7章で学んだ χ^2 分布を利用して仮説検定を行なう。

母標準偏差 σ の推定に用いた式を思い出せ（5%有意水準の場合）。

上限 $\sigma=\sqrt{(n-1)s^2/\chi^2_{0.975(m)}}$

下限 $\sigma=\sqrt{(n-1)s^2/\chi^2_{0.025(m)}}$

この σ の下限を求める式を $(s=\cdots\cdots)$ の形に書き直すと，s の上限を求める式が導かれる。

$\sigma=\sqrt{(n-1)s^2/\chi^2_{0.025(m)}}$

両辺を二乗すると，

$\sigma^2=(n-1)s^2/\chi^2_{0.025(m)}$

s について解くと，

$s=\pm\sqrt{\sigma^2\cdot\chi^2_{0.025(m)}/(n-1)}$

なお，標準偏差は大小を表すパラメターでマイナスになることはないから

$s=\sqrt{\sigma^2\cdot\chi^2_{0.025(m)}/(n-1)}$

・両側検定で，帰無仮説　$H_0 : \sigma=\sigma_0$

対立仮説　$H_1 : \sigma\neq\sigma_0$ と設定すると，

（5%有意水準の場合）

標本標準偏差 s の臨界値 $\begin{cases} 上限\,s=\sqrt{\sigma_0^2\cdot\chi^2_{0.025(m)}/(n-1)} \\ 下限\,s=\sqrt{\sigma_0^2\cdot\chi^2_{0.975(m)}/(n-1)} \end{cases}$

・片側検定で，帰無仮説　$H_0 : \sigma=\sigma_0$

対立仮説　$H_1 : \sigma>\sigma_0$ と設定すると，

（5%有意水準の場合）

標本標準偏差 s の臨界値　上限 $s=\sqrt{\sigma_0^2\cdot\chi^2_{0.050(m)}/(n-1)}$

・片側検定で，帰無仮説　$H_0 : \sigma=\sigma_0$

対立仮説　$H_1 : \sigma<\sigma_0$ と設定すると，

（5%有意水準の場合）

標本標準偏差 s の臨界値　下限 $s=\sqrt{\sigma_0^2\cdot\chi^2_{0.950(m)}/(n-1)}$

実例 軸を納入している製造業者は，軸製造機械の性能検査を定期的に行なっているが，その時のチェック項目の１つに製品のばらつきがある。

メンテナンス直後は標準偏差が 0.00015mm であったが，20 個の標本から得られた標本標準偏差 0.0002mm は，ばらつきが大きくなったといえるか。帰無仮説と対立仮説を設定し，仮説検定を行なってみよ。

（注意：「ばらつきが大きくなったと言えるか」であるから，正の側に棄却域を置いた片側検定となる。）

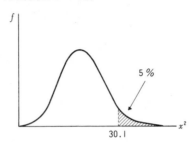

Step 1 仮説の設定　$H_0 : \sigma = 0.00015$

　　　　　　　　　　$H_1 : \sigma > 0.00015$

Step 2 検定統計量　$s = 0.0002$

Step 3 χ^2 の臨界値　$C\chi^2 = 30.1$

　　　　　　（〔表 7.1〕で自由度 $20-1=19$，片側 5%の χ^2 値を求める）

Step 4 　s の臨界値　上限 $s = \sqrt{\sigma_0^2 \cdot C\chi^2 / (n-1)}$

　　　　　　　　　　　　　　　$= \sqrt{0.00015^2 \times 30.1 / 19}$

　　　　　　　　　　　　　　　$= 0.0001888$

　　　　　　　棄却域　$s = 0.0002 > 0.0001888$

Step 5 　検定　$s = 0.0002$ は棄却域（$s > 0.0001888$）に入っている。

　　　　　　　　　故に，帰無仮説は棄却される。

　　　　　　　　　故に，対立仮説は採択される。

　　結論：軸の直径の標準偏差は 5%有意水準のもとで有意に大きくなったといえる。

第8章の練習問題

1.　ある電話会社の調査によると，家庭の1カ月の平均電話回数は86回であった。先月，電話料金の改定が行なわれた。100軒の家庭についての最近の調査によると，電話の平均回数は84回に減少し，その標準偏差は12回であった。この結果は，「料金の改定が電話利用の減少の原因であった」という議論を支持しているか。有意水準5%で仮説検定を行なえ。

(*Answer*)

仮説の検定　　$H_0 : \mu = 86$

　　　　　　　$H_1 : \mu < 86$

検定統計量　　$\overline{X} = 84$　　$(s = 12)$

z の臨界値　　$C_z = 1.645$

$\overline{X}$ の臨界値　　$C_{\overline{X}} = \mu - C_z \cdot s / \sqrt{n}$

　　　　　　　　　　$= 86 - 1.645 \times 12 / \sqrt{100}$

　　　　　　　　　　$= 84.03$

　　　　　　棄却域　$\overline{X} < 84.03$

検定　　　$\overline{X} = 84$ は $\overline{X}$ の棄却域（$\overline{X} < 84.03$）に入っている。

　　　　　　故に帰無仮説は棄却される。

　　　　　　故に対立仮説は採択される。

　　結論：電話利用の回数は，料金改定により以前と比べて減少している。

2.　あるゼミの学生は1日4時間30分の睡眠時間をとっている。彼は「自分は眠る時間がないほど忙しい」と言っている。そのため，ゼミの全学生35人の睡眠時間を調べたところ，平均6時間，その標準偏差は45分であった。彼は本当に忙しいといえるだろうか。有意水準5%で仮説検定を行なえ。

(*Answer*)

仮説の検定　　$H_0 : \mu = 6$

　　　　　　　$H_1 : \mu < 6$

検定統計量　　$\overline{X} = 4.5$

z の臨界値　　$C_z = 1.645$

$\overline{X}$ の臨界値　　$C_{\overline{X}} = \mu - C_z \cdot \sigma / \sqrt{n}$

$\qquad\qquad\qquad = 6 - 1.645 \times 0.75 / \sqrt{35}$

$\qquad\qquad\qquad = 5.79$

棄却域　　$\overline{X} < 5.79$

検定　　$\overline{X} = 4.5$ は $\overline{X}$ の棄却域（$\overline{X} < 5.79$）に入っている。

　　　　故に帰無仮説は棄却される。

　　　　故に対立仮説は採択される。

結論：彼の睡眠時間は有意に少ないといえる。

3. 1993年の9月15日現在の東北地方各県の米の作況指数は以下の通りであった。全国平均の作況指数は，平年を100とすると80であった。東北地方は他の地方に比べて著しく凶作といえたであろうか。有意水準5％で仮説検定を行なえ。（各県の収穫量は等しいと仮定し，計算せよ。）

県名	青森	秋田	岩手	福島	宮城	山形
指数	32	86	42	67	44	84

(*Answer*)

仮説の検定　　$H_0 : \mu = 80$

　　　　　　　$H_1 : \mu < 80$

検定統計量　　$\overline{X} = 59.1667$　　（$s = 23.0687$）

t の臨界値　　$C_t = 2.015$　（自由度 $6 - 1 = 5$ の t の5％水準）

$\overline{X}$ の臨界値　　$C_{\overline{X}} = \mu - C_t \cdot s / \sqrt{n}$

$\qquad\qquad\qquad = 80 - 2.015 \times 23.0687 / \sqrt{6}$

$\qquad\qquad\qquad = 61.0232$

棄却域　　$\overline{X} < 61.0232$

検定　　$\overline{X} = 59.1667$ は $\overline{X}$ の棄却域（$\overline{X} < 61.0232$）に入っている。

　　　　故に帰無仮説は棄却される。

　　　　故に対立仮説は採択される。

結論：東北地方は著しく凶作であったといえる。

4. タイヤを作っている工場がある。この工場で作っているタイヤの走行距離
は 25000km であった。今度，より耐久性の高いタイヤを開発した。そこ
で標本 30 本を抽出して調べたところ，標本平均 $\overline{X}=25500$km，標本標準
偏差 $s=1700$km であった。

「新型タイヤの耐久性は向上した」という仮説を，5%有意水準で検定せよ。

(*Answer*)

仮説の検定　　　$H_0 : \mu = 25000$

　　　　　　　　$H_1 : \mu > 25000$

検定統計量　　　$\overline{X} = 27000$

t の臨界値　　$C_t = 1.699$　（自由度 $30-1=29$ の t の 5%水準）

$\overline{X}$ の臨界値　　$C_{\overline{X}} = \mu + C_t \cdot s / \sqrt{n}$

　　　　　　　　　　$= 25000 + 1.699 \times 1700 / \sqrt{30}$

　　　　　　　　　　$= 25527.3$

　　　　　　　棄却域　$\overline{X} > 25527.3$

検定　　$\overline{X} = 25500$ は $\overline{X}$ の棄却域（$\overline{X} > 25527.3$）に入っていない。

　　　　故に帰無仮説は棄却されない。

　　　　故に対立仮説は採択されない。

　結論：新型タイヤの性能は向上しているとは言えない。

5. ある高視聴率番組の視聴率は，最近8%で低迷していた。そこで，人気の
ある芸能人を司会に起用し，視聴率回復のてこ入れを行なった。その後 4
回の視聴率を測定したところ平均12%，標準偏差7%であった。プロダク
ションは「彼の起用は成功であった」と言って出演料の改定を求めてきた。
彼の起用は成功であったのかを有意水準1%で検定せよ。

(*Answer*)

仮説の検定　　　$H_0 : \mu = 8$

　　　　　　　　$H_1 : \mu > 8$

検定統計量　　　$\overline{X} = 12$

仮説の臨界値　　$C_t = 4.541$　（自由度 $4-1=3$ の t の 1%水準）

$\overline{X}$ の臨界値　　$C_{\overline{X}} = \mu + C_t \cdot s / \sqrt{n}$

$$=8+4.541\times7/\sqrt{4}=23.9$$

棄却域　$\overline{\mathrm{X}}>23.9$

検定　　$\overline{\mathrm{X}}=12$ は $\overline{\mathrm{X}}$ の棄却域（$\overline{\mathrm{X}}>23.9$）に入っていない。

故に帰無仮説は棄却されない。

故に対立仮説は採択されない。

結論：彼の起用によって視聴率が上がったとは言えない。

6. A県の有権者の自民党支持率は，従来 32% であった。1994 年の政変（自民・社会・さきがけの 3 党連立）によって，各党の支持率が変化したかどうかを調べるために，標本調査を行った。200 人について調べたところ，自民党支持率の標本平均は 37% であった。また，標本標準偏差は 48% であった。自民党の支持率は有意に上がったといえるか。5% 有意水準で検定せよ。

データ：$\mu=0.32$, $n=200$, $\overline{\mathrm{X}}=0.37$, $s=0.48$, $\alpha=0.05$

仮説：$\begin{cases} \mathrm{H}_0:\mu=0.32 \\ \mathrm{H}_1:\mu>0.32 \end{cases}$

検定統計量：$\overline{\mathrm{X}}=0.37$

z の臨界値：5% 有意水準　$\mathrm{C}_{z(0.05)}=1.645$

$\overline{\mathrm{X}}$ の臨界値：$\mathrm{C}_{\overline{\mathrm{X}}(0.05)}=0.32+1.645\times0.48/\sqrt{200}=0.376$

検定：標本平均 $\overline{\mathrm{X}}=0.37$ は 5% 有意水準で棄却域のなかに入らない。

故に帰無仮説は 5% 有意水準で棄却できない。

故に対立仮説は 5% 有意水準で採択されない。

結論：自民党の支持率は有意に上がったとは言えない。

第9章　相関分析

第1章から第8章までに学んださまざまの統計分析の方法は，いずれも，1つの変数が単独で確率分布をする，と考えていた。しかし，自然現象や社会現象の中には，2つ以上の現象（変数）がセット（組）になって同時に変化することが多い。それを分析するのが，**相関分析／回帰分析**である。

相関分析と回帰分析は，統計学のさまざまの分析方法の中で，最も広く応用されている，最も重要な方法である。計算のステップが少し多いので，最初は難しく感じられるが，慣れてしまえば，らくに計算できる。

相関分析と回帰分析を使いこなせるようになると，諸君はさまざまの自然現象や社会現象の中に存在する面白い法則性をどんどん分析できるようになる。

この面白さがわかるようになれば，統計学は楽しくなるはずである。

9.1　相関関係と相関分析

⑴　2つの現象がペアになって変化する関係

事例1

さまざまの年齢の夫婦について，夫の年齢と妻の年齢を調べてみる。すると，夫の年齢と妻の年齢はほぼ同じように変化することがわかる。

一例として，20組の夫婦の年齢を調べた結果を表にしてみた。（見やすいように夫の年齢の順に並べてある。）この表のデータを夫の年齢（X）を横軸に目盛り，妻の年齢（Y）を縦軸に目盛って相関

i	夫の年齢 X_i	妻の年齢 Y_i
1	19	19
2	21	20
3	25	28
4	28	24
5	30	27
6	36	36
7	42	54
8	47	45
9	55	51
10	59	51
11	62	60
12	68	59
13	77	72
14	79	80
15	84	84
16	88	60
17	91	90
18	95	90
19	100	93
20	102	92

図（scatter diagram）に描いたものが右の図である。

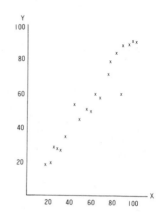

相関図から，次のようなことが読み取れる。

夫の年齢が増えるにつれて，妻の年齢も増える。

このことを統計学では，「夫の年齢と妻の年齢の間には**相関関係がある**」という。

事例2

休憩時間の長さと，血圧の関係。

夜明けから夜遅くまで約12時間働く肉体労働者について，作業中に休息をとる時間と，就寝前の血圧との関係を調べた。

その結果は，下の表および右の相関図のようになった。

休息時間 X	就寝前の血圧 Y
0.0	182
0.5	168
1.0	151
1.5	130
2.0	124
2.5	120

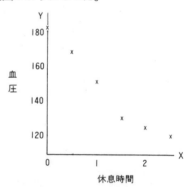

この観測結果から，次のようなことが読み取れる。

休息時間が長いほど，血圧は低くなる。

休息時間が短いほど，血圧は高くなる。

休息時間と就寝前の血圧の間には**相関関係がある**。

　事例1のように，Xが増えるにつれてYも増加する関係や，事例2のように Xが増えるにつれて，Yが減少する関係を，**XとYとの間に相関関係がある**（簡略化して，**XとYの間に相関がある**）という。

　英語では，次のようにいう。

　　・X and Y are correlated.

　　・X and Y have a correlation.

　　・There is a correlation between X and Y.

確認のためのQ&A・9.1

次の関係は，相関関係があると想像されるか。想像してみよう。

(*Question*)	(*Answer*)
①食事の量と体重	相関がある。
②気温とエアコンの販売台数	相関がある。
③所得水準と出生率	相関がある。
④喫煙本数とガン発生率	相関があるといわれている。
⑤気温と航空事故発生率	相関はなさそうである。
⑥台風の頻度と靴の売れ行き	相関はなさそうである。
⑦年齢と失業率	高齢者になると，相関が高まる。
⑧養毛剤の値段と抜け毛の数	販売店は相関があるというが，人によってさまざまである。
⑨景気とデパートの売り上げ	相関が高い。
⑩国民の投票率と政治汚職の頻度	多分，相関があるのではないか。

確認のためのQ&A・9.2

　(*Question*)　確認のための Q&A・9.1 以外にも相関関係のありそうなものを探してみよう。

　(例えば)

　　品物の価格と販売量，金融資産保有高と所得，等

⑵ 正の相関と負の相関

正の相関

事例1のように，X が増えるにつれて Y が増える関係を**正の相関**という。

正の相関のいろいろな呼び方：

- ・正の相関（positive correlation）
- ・正相関
- ・プラスの相関

正相関は相関図に描くと，右上がりの図になる。（次ページの図を参照。）

負の相関

事例2のように，X が増えるにつれて Y が減少する関係を**負の相関**という。

負の相関のいろいろな呼び方：

- ・負の相関（negative correlation）
- ・負相関
- ・マイナスの相関

負相関は，相関図に描くと右下がりの図になる。（次ページの図を参照。）

確認のためのQ&A・9.3

次の現象は正相関，負相関，無相関，のどの関係があると想像されるか。

(Question)	(Answer)
①食事の量と体重	正相関
②気温とエアコンの販売台数	正相関
③所得水準と出生率	負相関
④喫煙本数とガン発生率	正相関
⑤気温と航空事故発生率	無相関
⑥台風の頻度と靴の売れ行き	無相関
⑦年齢と失業率	高齢になると正相関
⑧養毛剤の値段と抜け毛の数	販売店は負相関という。
⑨景気とデパートの売り上げ	正相関
⑩国民の投票率と政治汚職の頻度	負相関

---

(3)　相関の程度

2つの変数 X と Y の間の相関関係が強いことを，**相関が高い**という。相関関係が弱いことを**相関が低い**という。

相関の程度を示す係数は**相関係数**である。相関係数の測り方は次の節で学ぶ。

相関係数（correlation coefficient）

r という記号で表わす。

正相関の時は，r は 0 から 1 の間のプラスの値になる。

負相関の時は，r は 0 から－1 の間のマイナスの値になる。

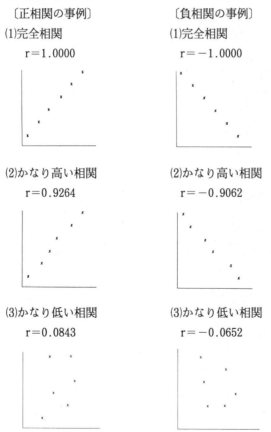

〔正相関の事例〕　　　　〔負相関の事例〕

(1)完全相関　　　　　　(1)完全相関

　r＝1.0000　　　　　　　r＝－1.0000

(2)かなり高い相関　　　(2)かなり高い相関

　r＝0.9264　　　　　　　r＝－0.9062

(3)かなり低い相関　　　(3)かなり低い相関

　r＝0.0843　　　　　　　r＝－0.0652

(4)無関係に近いケース
r＝0.0004

(4)無関係に近いケース
r＝－0.0002

確認のためのQ&A・9.4

次の関係は高い正相関，低い正相関，高い負相関，低い負相関のいずれ
であろうか。想像してみよう。

(*Question*)

①食事の量と体重

②所得水準と出生率

③喫煙本数とガン発病率

④養毛剤の値段と抜け毛の数

⑤国民の投票率と政治汚職の数

(*Answer*)

①正相関だがあまり高くない。

　(一定の範囲内では高い正相関になるが，ある程度を超えると食事の
　量を増やしても体重はあまり増えない)

②高い負相関 (国際比較データを見るとはっきりわかる)

③高い正相関 (医学専門家の研究によれば，高いといわれている)

④低い負相関 (値段が高いほど抜け毛の数が減るとしても，その効果は
　小さいのではないか)

⑤高い負相関 (汚職が増えれば人々は投票が嫌になる。人々が投票に無
　関心になれば，汚職議員は再選され，汚職はさらに増える)

⑷　相関関係と因果関係

相関関係と因果関係（原因と結果の関係）とは別のことである。

相関関係は次の2つのケースに分けることができる。

　　①XとYの間に因果関係がない相関関係

　　②XとYの間に因果関係がある相関関係

因果関係がない場合

事例1を見よ。

夫の年齢と妻の年齢は，お互いに原因でも結果でもない。

しかし，この現象は，高い相関関係を示している。

因果関係がある場合

事例2を見よ。

休息時間を調節すると，血圧が調節される。

（反対に血圧を調節すれば，休息時間が決まるということはありえない）

それ故，休息時間が原因（cause）であり，血圧が結果（result）である。因果関係がない場合も，ある場合も，相関の程度を表わす係数として，相関係数を測ることができる。相関係数を測って，相関の程度を判断することを**相関分析**という。

確認のためのQ&A・9.5

次の関係は単なる相関関係か，それとも因果関係のある相関関係か。想像せよ。

(*Question*)	(*Answer*)
①夫の年齢と妻の年齢	相関関係
②世帯主の所得と家族の消費金額	因果関係
③空気中の CO_2 の量と森林面積	因果関係
④山形の桜開花日と青森の桜開花日は毎年数日の差である。	相関関係
⑤AデパートとBデパートの売り上げが同じように変化した。	相関関係

⑸　単純相関と重相関

　XとYの間の相関のように2変数の間の相関関係を**単純相関（simple correlation）**という。

　3つ以上の変数の間の相関関係を**重相関（multiple correlation）**という。

　単純相関の程度を表わす係数―単純相関係数　記号 r
　　　　　　　　　　　　　　　　　（simple correlation coefficient）
　重相関の程度を表わす係数――重相関係数　記号 R
　　　　　　　　　　　　　　　　（multiple correlation coefficient）

統計学入門では，単純相関係数の計算をしっかり身につけよう。

確認のためのQ&A・9.6

　次の左側の変数は右側の変数と単純相関の関係があると思われる。それに加えて，重相関の関係を見出すことのできる変数としてつけ加えるのに適当なものを1つ以上選び，その理由を考えてみよ。

（*Question*）

⑴　平均気温と緯度　（a．経度　b．高度　c．湿度）

⑵　国民の投票率と政治汚職の頻度
　　　（a．当日の天候　b．選挙公示日数　c．非有権者数）

⑶　電話の通話料と通話時間
　　　（a．受話器の種類　b．通話距離　c．声の大きさ）

⑷　東京の株式相場と為替相場
　　　（a．公定歩合　b．ニューヨーク市場の株式相場　c．新聞の発行部数）

（*Answer*）

　　　各設問ともさまざまな関係が考えられる。ただし，「当日の天候」，「受話器の種類」は，数量では表わすことのできない「定性的」な変数である。この場合は，その大小をグラフ上でとらえることができないため，「関係がある」と思われる場合でも「相関関係がある」と言うことはできない。注意せよ。

9.2　単純相関係数の計算（Raw data のケース）

(1)　理論的な計算ステップとその実際
（9.1 節の休憩時間と血圧の事例）

理論的な計算ステップ

Step 1　観測データ表とワーク
シートを用意する。

i	X_i	Y_i	X_i^2	Y_i^2	X_iY_i
1	X_1	Y_1			
2	X_2	Y_2			
3	X_3	Y_3			
・					
・					
・					
n	X_n	Y_n			
計	ΣX	ΣY	ΣX^2	ΣY^2	ΣXY

実際の計算ステップ

Step 1　観測データ表とワーク
シートを用意する。

i	X_i	Y_i	X_i^2	Y_i^2	X_iY_i
1	0.0	182			
2	0.5	168			
3	1.0	151			
4	1.5	130			
5	2.0	124			
6	2.5	120			
計					

Step 2　ワークシートの ΣX, ΣY, ΣX^2, ΣY^2, ΣXY を計算

i	X_i	Y_i	X_i^2	Y_i^2	X_iY_i
1	X_1	Y_1	X_1^2	Y_1^2	X_1Y_1
2	X_2	Y_2	X_2^2	Y_2^2	X_2Y_2
3	X_3	Y_3	X_3^2	Y_3^2	X_3Y_3
・	・	・	・	・	・
・	・	・	・	・	・
・	・	・	・	・	・
n	X_n	Y_n	X_n^2	Y_n^2	X_nY_n
計	ΣX	ΣY	ΣX^2	ΣY^2	ΣXY

Step 2　ワークシートの ΣX, ΣY, ΣX^2, ΣY^2, ΣXY を計算

i	X_i	Y_i	X_i^2	Y_i^2	X_iY_i
1	0.0	182	0	33124	0
2	0.5	168	0.25	28224	84
3	1.0	151	1.00	22801	151
4	1.5	130	2.25	16900	195
5	2.0	124	4.00	15376	248
6	2.5	120	6.25	14400	300
計	7.5	875	13.75	130825	978

Step 3

平均 $\overline{X}$, $\overline{Y}$ の計算

$$\overline{X} = \frac{1}{n}\Sigma X$$

$$\overline{Y} = \frac{1}{n}\Sigma Y$$

Step 4

決定係数 r^2 の計算

$$r^2 = \frac{\{\Sigma(X_i-\overline{X})(Y_i-\overline{Y})\}^2}{\Sigma(X_i-\overline{X})^2 \cdot \Sigma(Y_i-\overline{Y})^2}$$

$$= \frac{(\Sigma X_i Y_i - n\overline{X}\,\overline{Y})^2}{(\Sigma X_i^2 - n\overline{X}^2)(\Sigma Y_i^2 - n\overline{Y}^2)}$$

正相関なら分子は，（＋）

負相関なら分子は，（－）

Step 5

相関係数 r の計算

$$r = \sqrt{r^2}$$

正相関なら（＋）をつける。

負相関なら（－）をつける。

Step 3

平均 $\overline{X}$, $\overline{Y}$ の計算

$$\overline{X} = \frac{1}{6} \times 7.5 = 1.25$$

$$\overline{Y} = \frac{1}{6} \times 875 = 145.83$$

Step 4

決定係数 r^2 の計算

$$r^2 = \frac{(978 - 6 \times 1.25 \times 145.83)^2}{(13.75 - 6 \times 1.25^2)(130825 - 6 \times 145.83^2)}$$

$$= \frac{(-115.725)^2}{4.375 \times 3226.666}$$

$$= 0.9486$$

Step 5

相関係数 r の計算

$$r = \sqrt{0.9486}$$

$$= -0.9740$$

（注：電卓で直接計算すると -0.9750 である。この違いは有効桁数のとり方の違いのために生じたものである。電卓の方が精度が高い。）

（注意） 上の計算式はデータが２つ以上なければ成り立たない。（疑問があればたしかめてみよ。）一般的に，集めるデータは多いほうがよい。

　　　この一連の計算は，安価な関数電卓を用いて，簡単に実行できる。是非試みてみよ。そして，それを使いこなすように希望する。

(2)　相関係数の有意性

相関係数は分布をする。

相関係数の分布は，自由度によって変わる。

　相関係数の分布の自由度（d. f.：degree of freedom）は，

　　d.f.＝標本サイズ－変数の数＝n－変数の数，である。

前ページの事例では，標本サイズ6，変数は X と Y の2つだから，

　　d.f.＝6－2＝4

　相関係数の分布の上で，信頼係数95％と99％のケースについて，相関係数の有意水準（5％有意水準と1％有意水準）を，自由度ごとに表にしたものが〔表9.1〕である。

　計算した相関係数が〔表9.1〕の相関係数より高ければ，有意な相関があるという。

　　（標本から計算したr）≧（〔表9.1〕のr）　　ならば，有意な相関がある。

　　（標本から計算したr）＜（〔表9.1〕のr）　　ならば，有意な相関はない。

前述の事例

　　$r＝-0.9750$ は，〔表9.1〕の自由度4の

　　　　5％有意水準（0.811）と比べると大きいから，有意

　　　　1％有意水準（0.917）と比べると大きいから，有意

確認のためのQ&A・9.7

　(*Question*)　Aさんは体重が気になるので，自分の毎月の1日平均の食事の量と，月末の体重を測定したら，右の表のようになった。食事の量と体重の間には，有意な相関があるか。5％有意水準で調べよう。

	食事量 X_i	体　重 Y_i
1	580	50.1
2	600	51.2
3	470	46.1
4	450	46.0
5	450	47.0
6	480	48.5

　(*Answer*)

　　　$r＝0.9373$

　　　自由度4の5％有意水準は，0.811であるから，食事の量と体重の間には有意な相関がある。

確認のためのQ&A・9.8

（*Question*） 8種類の養毛剤を買って，抜け毛の数（1日平均）を調べたら，右の表のような結果になった。養毛剤の値段と抜け毛の数の間には，有意な相関があるといえるか。

	養毛剤の 値段 X_i	抜け毛の 本数 Y_i
1	3,000 円	125 本／日
2	5,000	137
3	10,000	102
4	15,000	108
5	18,000	123
6	20,000	98
7	25,000	145
8	30,000	97

（*Answer*）

$r = -0.2620$

自由度（8−2＝6）の5%有意水準は，0.707であるから，相関係数は有意ではない。確かにマイナスの相関（養毛剤の値段が高いほど，抜け毛の数は少ない）という関係はあるが，有意な相関があるとはいえない。

確認のためのQ&A・9.9

（*Question*） Bさんのインテンシブ語学クラスでは毎月テストが行われる。Bさんが毎月の勉強時間とテストの点数を4カ月分記録してみたら右の表の用になった。勉強時間とテストの点数との間には有意な相関があるといえるか。1%有意水準で調べよう。

	勉強時間 X_i	点　数 Y_i
1	60 時間	220 点
2	48	185
3	55	195
4	42	182

（*Answer*）

$r = 0.9353$

自由度2の1%有意水準は，0.990であるから，相関係数は有意ではない。明らかに正の関係があるのにもかかわらず有意にならないのは，相関関係が線形（直線）関係の強さのみを表わすからである。相関図を描いて確かめよ。

9.3 単純相関係数の計算 (Classified data のケース)

(1) 理論的な計算ステップとその実例

理論的な計算ステップとその実際

Step 1 観測データとワークシートを用意する。

k	X_k	Y_k	f_k	$X_k f_k$	$Y_k f_k$	$X_k^2 f_k$	$Y_k^2 f_k$	$X_k Y_k f_k$
1	X_1	Y_1	f_1					
2	X_2	Y_2	f_2					
3	X_3	Y_3	f_3					
·	·	·	·					
·	·	·	·					
·	·	·	·					
m	X_m	Y_m	f_m					
			Σf	ΣXf	ΣYf	$\Sigma X^2 f$	$\Sigma Y^2 f$	$\Sigma XY f$

Step 2 ワークシートの Σf, ΣXf, ΣYf, $\Sigma X^2 f$, $\Sigma Y^2 f$, $\Sigma XY f$ を計算する。
以下に実例を示す。(9.1 節の事例 2 と同じデータ)

k	X_k	Y_k	f_k	$X_k f_k$	$Y_k f_k$	$X_k^2 f_k$	$Y_k^2 f_k$	$X_k Y_k f_k$
1	0.0	182	2	0.0	364	0.0	66,248	0
2	0.5	168	3	1.5	504	0.75	84,672	252
3	1.0	151	4	4.0	604	4.0	91,204	604
4	1.5	130	6	9.0	780	13.5	101,400	1170
5	2.0	124	5	10.0	620	20.0	76,880	1240
6	2.5	120	2	5.0	240	12.5	28,800	600
			22	29.5	3112	50.75	449,204	3866

Step 3 平均 $\overline{X}$, $\overline{Y}$ の計算

$$\overline{X} = \frac{1}{\Sigma f} \Sigma Xf = \frac{1}{22} \times 29.5 = 1.3409$$

$$\overline{Y} = \frac{1}{\Sigma f} \Sigma Yf = \frac{1}{22} \times 3112 = 141.4545$$

Step 4   決定係数 r^2 の計算

$$r^2 = \frac{\{\Sigma(X_k-\overline{X})(Y_k-\overline{Y})f_k\}^2}{\Sigma(X_k-\overline{X})^2 f_k \cdot \Sigma(Y_k-\overline{Y})^2 f_k}$$

$$= \frac{(\Sigma XYf - \Sigma f\overline{X}\cdot\overline{Y})^2}{(\Sigma X^2 f - \Sigma f\overline{X}^2)(\Sigma Y^2 f - \Sigma f\overline{Y}^2)}$$

$$= \frac{(3866 - 22\times1.34\times141.45)^2}{(50.75 - 22\times1.34^2)(449204 - 22\times141.45^2)}$$

$$= \frac{(-303.946)^2}{11.2468\times9025.745} = \frac{92383.17092}{101510.7489} = 0.91008$$

Step 5   相関係数 r の計算

$$r = -\sqrt{r^2} = -\sqrt{0.91008} = -0.9540$$

(*Step 4* の分子がマイナスであるから，負相関。したがって，相関係数 r にはマイナスをつける。)

(注意：関数電卓で直接に計算した r は-0.9671。この違いは有効数字のとり方の違いである。電卓の方が精度が高い。)

確認のためのQ&A・9.10

(*Question*)

ある会社が，5つの工場で同じ製品を作っているが，それぞれが異なる価格の原料を用いている。そこで，各工場の不良品の割合を調べてみたところ，右の表のようになった。原料価格と不良品率の関係を示す相関係数 r を求めよ。

	原料価格 X_i	不良品率 Y_i	生産個数 f_i
1	2,500 円	40%	1,100 個
2	3,000	30	1,500
3	3,500	15	1,800
4	4,000	1	1,000
5	4,500	5	2,000

(*Answer*)

$r_2 = 0.8869$

$r = -0.9417$

結論：原料価格が高いほど，不良品率は有意に低い。

(2)　相関係数の有意性

〔表 9.1〕を用いて検定するのは，前節の raw data の場合と同じ。ただし，自由度は $\Sigma f-2=22-2=20$ であることに注意。（標本数＝総度数）

〔表 9.1〕によれば，d.f.＝20 の 5％有意水準は 0.423，1％有意水準は 0.537 であるから，今計測した $r=-0.9671$ は有意な相関係数といえる。

確認のためのQ&A・9.11

（*Question*）　5 種類の養毛剤の効果をテストした。テストの結果は右の表のような classified data になった。

養毛剤の値段と抜け毛の数の間には有意な相関があるといえるか。

	養毛剤の値段 X_i	抜け毛の数 Y_i	観察度数 f_i
1	5,000円	137	20
2	10,000	102	15
3	15,000	108	13
4	20,000	98	12
5	25,000	145	10

（*Answer*）

$r=-0.11208$

自由度 $70-2=68$ の 5％有意水準は約 0.232（自由度 70 で近似），1％有意水準は約 0.302（自由度 70 で近似）であるから，この相関係数は有意ではない。

確かに養毛剤の値段と抜け毛の数の間には，マイナスの相関があるが，有意な相関があるとはいえない。

考えてみよう　I

マクロ経済学では，「消費は所得水準によって決まる」と学ぶ。以下は，日本の国民所得（Y）と民間最終消費支出（C）の名目時系列データである。どの程度の相関があり，またそれは有意な相関といえるのか実際に確かめてみよう。

Y	123 140 156 172 182 200 210 219 231 244 260 269 282 300 320 343 359
C	87 99 109 121 133 144 152 163 172 181 191 198 207 218 232 247 258

〔データの出所：経済企画庁『経済要覧』，単位：兆円，年度：1975〜1991〕

〔表9.1〕 相関係数の 5%有意水準および 1%有意水準

自由度	5%	1%
1	0.997	1.000
2	.950	0.990
3	.878	.959
4	.811	.917
5	.754	.874
6	.707	.834
7	.666	.798
8	.632	.765
9	.602	.735
10	.576	.708
11	.553	.684
12	.532	.661
13	.514	.641
14	.497	.623
15	.482	.606
16	.468	.590
17	.456	.575
18	.444	.561
19	.433	.549
20	.423	.537
21	.413	.526
22	.404	.515
23	.396	.505
24	.388	.496
25	.381	.487
26	.374	.478
27	.367	.470
28	.361	.463
29	.355	.456
30	.349	.449
35	.325	.418
40	.304	.393
45	.288	.372
50	.273	.354
60	.250	.325
70	.232	.302
80	.217	.283
90	.205	.267
100	.195	.254
125	.174	.228
150	.159	.208
200	.138	.181
300	.113	.148
400	.098	.128
500	.088	.115
1,000	.062	.081

第 9 章の練習問題

1. パーティーに集まった老若男女のカップル 10 組に身長を聞いたところ，次の通りであった。男性と女性の身長の間には有意な相関があるだろうか。5％有意水準で検定せよ。

女性	158	153	163	165	160	156	167	177	166	170
男性	165	180	172	174	159	161	177	183	175	180

（単位：cm）

（*Answer*）

女性＝X，男性＝Y とし，ワークシートを作成し，以下の計算結果を得る。

$\overline{X}=163.5$ 　　 $\Sigma XY=282512$ 　　 $\Sigma X^2=267777$ 　　 $\Sigma Y^2=298530$

$\overline{Y}=172.6$ 　　 $n\overline{X}\,\overline{Y}=282201$ 　　 $n\overline{X}^2=267322.5$ 　　 $n\overline{Y}^2=297907.6$

$$r^2=\frac{311^2}{454.5\times622.4}=0.3419143$$

$$r=\sqrt{0.3419143}=0.5847343\fallingdotseq0.5847$$

自由度 8（＝10－2）の 5％有意水準は 0.632 であるから，有意な相関はない。

2. ある焼き肉店では経営戦略の一環としてランチタイムの食べ放題を行なおうと考えている。そこで，1 日だけ食べ放題の日を設け，顧客の食べた肉の量と体重を合わせて調査した。もし，食べた肉の量と体重に相関があれば，店長は「体重に応じて金額を設定したい」と思っている。以下の調査結果が得られた。店長はそうすべきであろうか。1％有意水準で検定せよ。

食べた肉の量（皿）	4	3	4	2	6	5	6	2	4
体重　　　　（kg）	60	50	52	47	75	80	100	30	57

(*Answer*)

　食べた肉の量＝X，体重＝Y とし，1. と同様に以下の計算結果を得る。

$\overline{X}=4$　　　　　$\Sigma XY=2430$　　　　$\Sigma X^2=162$　　　$\Sigma Y^2=37187$

$\overline{Y}=61.2222$　　$n\overline{X}\,\overline{Y}=2203.9992$　$n\overline{X}^2=144$　　$n\overline{Y}^2=33733.419$

$r^2=\dfrac{226.0008^2}{18\times 3453.581}=0.8216328$

$r=\sqrt{0.8216328}=0.9064396\fallingdotseq 0.9064$

　自由度 7（＝9－2）の 1％有意水準は 0.798 であるから，有意な相関がある。
店長は，体重に応じて料金を設定した方が賢明かもしれない。

3.　以下の表は 1981 年から 1990 年までの輸入物価指数と為替レートの推移である。為替レートが円高になれば，普通は輸入物価は下がるはずである。そこで，実際にこれらに相関があったのか否か 5％有意水準で検定せよ。

年	1981	82	83	84	85	86	87	88	89	90
輸入物価指数	109	115	104	104	94	59	58	56	62	66
為替レート	227	250	236	244	221	160	138	128	143	141

(*Answer*)

　輸入物価指数を X，為替レートを Y とし，以下の計算結果を得る。

$\overline{X}=82.7$　　　$\Sigma XY=166971$　　$\Sigma X^2=73755$　　　$\Sigma Y^2=379460$

$\overline{Y}=188.8$　　$n\overline{X}\,\overline{Y}=156137.6$　$n\overline{X}^2=68392.9$　$n\overline{Y}^2=356454.4$

$r^2=\dfrac{10833.4^2}{5362.1\times 23005.6}=0.9513954$

$r=\sqrt{0.9513954}=0.9753950\fallingdotseq 0.9754$

　自由度 8（＝10－2）の 5％有意水準は 0.632 であるから，有意な相関がある。

4. 以下の表は米国の経常赤字と財政赤字の推移である。1985 年から 5 年間のこの 2 つの値には相関があるだろうか。5％有意水準で検定せよ。

年　　度	1986	1987	1988	1989	1990
財政赤字（10 億ドル）	221.2	149.7	155.1	152.0	123.8
経常赤字（10 億ドル）	145.4	162.3	128.9	110.0	99.3

(*Answer*)

財政赤字を X, 経常赤字を Y とし, 以下の計算結果を得る。

$\overline{X}=160.36$　　$\Sigma XY=105464.52$　　$\Sigma X^2=133825.98$　　$\Sigma Y^2=86058.15$

$\overline{Y}=129.18$　　$n\overline{X}\,\overline{Y}=103576.52$　　$n\overline{X}^2=128576.64$　　$n\overline{Y}^2=83437.362$

$r^2=\dfrac{1888^2}{5249.34\times2620.788}=0.259099$

$r=\sqrt{0.259099}=0.5090176\fallingdotseq0.5090$

自由度 3（＝5−2）の 5％有意水準は 0.878 であるから, 有意な相関はない。

5. スキンダイビングを趣味とする 7 人の潜水時間と肺活量を調べたところ, 以下の通りであった。潜水時間と肺活量に相関があるのか否か, 5％有意水準で検定せよ。

潜水時間（秒）	145	170	150	180	200	193	195
肺活量　　（cc）	3000	3200	3300	3800	3500	3700	4000

(*Answer*)

潜水時間を X, 肺活量を Y とし, 以下の計算結果を得る。

$\overline{X}=176.143$　　$\Sigma XY=4352100$　　$\Sigma X^2=220099$　　$\Sigma Y^2=86510000$

$\overline{Y}=3500$　　$n\overline{X}\,\overline{Y}=4315500$　　$n\overline{X}^2=217184.14$　　$n\overline{Y}^2=85750000$

$r^2=\dfrac{36600^2}{2914.86\times760000}=0.6046873$

$r=\sqrt{0.6046873}=0.7776164\fallingdotseq0.7776$

自由度 5（＝7−2）の 5％有意水準は 0.754 であるから, 有意な相関がある。

第 10 章　回帰分析

　第9章の［事例2］（休息時間と就寝前の血圧の関係）では，休息時間が原因となって血圧が変動するという因果関係が存在した。このような原因と結果の関係を，法則性としてとらえるための統計的方法が**回帰分析**である。**回帰分析（regression analysis）**は，**相関分析（correlation analysis）**と並んで，統計学では最も頻繁に使われる重要な分析方法である。

10.1　回帰分析の概要

(1)　原因と結果

原因変数＝独立変数，結果変数＝従属変数

　原因（cause）によって結果（result）が起こる。

　通常の用語では，原因となる変数は原因変数，結果となる変数は結果変数である。ところが一般に科学の用語では，次のように呼ぶ。

　　　原因変数─────→説明変数

　　　結果変数─────→被説明変数

　統計学では，さらに独特の名称を用いる。

　　　原因変数─────→独立変数（independent variable）

　　　結果変数─────→従属変数（dependent variable）

　グラフ（相関図と同じもの）は，

横軸＝原因＝独立変数（X）

縦軸＝結果＝従属変数（Y）を目盛る。

観測点を×印で印し，その間を通るように

回帰方程式（回帰式）を描く。

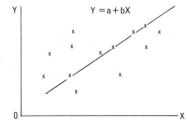

これから学ぼうとしているのは，この**回帰方程式（回帰式）の推定方法**である。

回帰式の**推計方法**とは，具体的には，前ページの図の直線（回帰式）

$$Y = a + bX$$

の定数項 a と勾配 b を推計する方法のことである。

回帰式は，独立変数 X と従属変数 Y の間の法則性（因果関係）を示す式である。**回帰（regression）とは結果（Y）を原因（X）に説明させる**という意味である。

(2)　線型回帰と非線型回帰

X と Y の関係が直線か，曲線かによって次の 2 つがある。

線型回帰（linear regression）　　　非線型回帰（non linear regression）

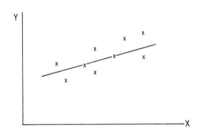
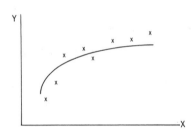

線型回帰方程式（線型回帰式）　　　非線型回帰方程式（非線型回帰式）
(linear regression equation)　　　(non linear regression equation)

$$Y = a + bX$$

$$
\left\{
\begin{array}{l}
Y = a + bX + cX^2 \\
\log Y = a + b\log X \\
Y = aX^b
\end{array}
\right.
$$

などさまざまな形がある。

統計学入門の段階で学ぶのは線型回帰である。

$$Y = a + bX$$

が，基本的なタイプである。

(3) 単純回帰と重回帰

従属変数（結果）Y の原因となる独立変数（原因）X が1つか，あるいは2つ以上かによって，次の区別がある。

> **単純回帰分析**（simple regression analysis）：
> 　独立変数（X）が1つだけ
> 　$Y = a + bX$

> **重回帰分析**（multiple regression analysis）：
> 　独立変数が2つ以上
> 　$Y = a + b_1 X_1 + b_2 X_2 + b_3 X_3$
> 　　（原因＝独立変数が3つである例）

統計学入門では，単純回帰分析をしっかり覚えよう。

単純回帰分析は，関数電卓を使って，自分の手で計算できるようになってほしい。そうすると，回帰分析のコツがのみこめる。コツがわかれば，重回帰分析もわかるようになる。

重回帰分析は，実際には PC（パソコン）や大型コンピューターを使う。PC にもコンピューターにも，回帰分析を計算してくれるソフトウエア（プログラム）が用意されている。

例えば， 一般的なものとして， 「SAS(Statistical Analysis System)」，「SPSS」，「SYSTAT」などのパッケージが世界で広く使われている。

また，このテキストで何度も繰り返し作成したワークシートによる計算や単純回帰分析などは，Lotus 社の「Lotus 1-2-3」や Microsoft 社の「Excel」などが非常に便利である。電卓と紙で計算するのもいいが，利用可能な読者はこれらのパッケージを使って計算してみることをすすめる。

(4) 観測点と回帰式

実例 1

下図のようなバネに，いろいろな重さの
重りを吊して，長さを測った。

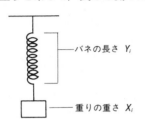

i	重りの重さ X_i	バネの長さ Y_i
1	5g	13cm
2	10	14
3	15	18
4	20	19
5	25	22
6	30	26

結果は**観測データ表**の形で記録する。
観測データを相関図（scatter diagram）
の形で描いてみる。

観測データは，相関が高ければ一直線
に近い形になるが，通常は回帰線の上下
にバラつく。

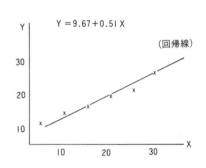

この観測データ表の X と Y の組み合わせ （X_1＝5g と Y_1＝13cm）, （X_2＝10
g と Y_2＝14cm）, ……, （X_6＝30g と Y_6＝26cm）の1つ1つを**観測点**という。

観測点を図に書くと，相関図の1つ1つの×点になる。これを**観測点**という。
また**プロット（plot）**ともいう。

観測点の間を通って引かれた線（上の図の点線）は回帰線である。

> 後で学ぶ方法で，予めこの直線（回帰線）を
> 計測したら，次のようになった。
> $$Y＝9.67＋0.51X$$

(5)　回帰線と誤差（残差）

1つ1つの観測点と回帰線の間は離れている。（中には，たまたま，ちょうど回帰線の上にのっている観測点もある。）

右の図の u_1, u_2, u_3, u_4, u_5 は1つ1つの観測点と回帰線の間の乖離を示している。

1つ1つの観測点と回帰線との距離のことを**残差（error）**という。

この他に次のようないろいろな呼び方がある。

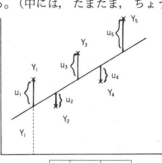

・確率誤差（stochastic error）

・確率的攪乱項（random disturbance）

・残差（residual）

いま上の図の元のデータは，右の表のような観測点であるとしよう。

i	X_i	Y_i
1	X_1	Y_1
2	X_2	Y_2
3	X_3	Y_3
4	X_4	Y_4
5	X_5	Y_5

第1観測点を例にとると，X_1 と，Y_1 の実測値と，Y_1 の理論値（$\hat{Y}_1$）との間には，次のような関係がある。

$$Y_1 = a + bX_1$$
$$u_1 = Y_1 - \hat{Y}_1 = Y_1 - (a + bX_1)$$

すべての残差の式を書き並べてみると，次のようになる。

$$u_1 = Y_1 - \hat{Y}_1 = Y_1 - (a + bX_1)$$
$$u_2 = Y_2 - \hat{Y}_2 = Y_2 - (a + bX_2)$$
$$u_3 = Y_3 - \hat{Y}_3 = Y_3 - (a + bX_3)$$
$$u_4 = Y_4 - \hat{Y}_4 = Y_4 - (a + bX_4)$$
$$u_5 = Y_5 - \hat{Y}_5 = Y_5 - (a + bX_5)$$

$$\downarrow \qquad \downarrow \qquad \downarrow \qquad\qquad\qquad \downarrow$$

残差　　観測値　理論値　　　　観測値 X を用いて計算した理論値（$\hat{Y}$）
　　　　　(Y)　　 ($\hat{Y}$)

残差の一般式は，次のように書く。

$$u_i = Y_i - \hat{Y}_i = Y_i - (a + bX_i)$$

(6) 回帰式の考え方の基本

回帰式というのは，前ページの図の直線のように，観測点の間を通って，できるだけ合理的に引いた線である。

できるだけ合理的に引くための1つの方法は，残差の合計がなるべく小さくなるように引けばよい。

ただし，残差そのものは，回帰線の上側の残差（図の u_1, u_3, u_5）はプラス，下側の残差（u_2, u_4）はマイナスであるから，残差自身がプラス，マイナス相殺しあうから単純な残差の合計では判断できない。

そこで，残差の二乗（u_1^2, u_2^2, u_3^2, u_4^2, u_5^2）の合計が最小になるような直線を探すのである。

直線を探すとは，具体的には回帰式 $Y = a + bX$ の定数項 a と勾配 b を探す（推計する）ことを意味する。

残差の二乗の合計が最小になるような回帰線を推計する方法のことを，**最小二乗法（least square method）** という。最小二乗法にも，いろいろな方法がある。その中で，普通の最小二乗法（最も基本的な最小二乗法）のことを **Ordinary Least Square method（OLS** と略称）という。これから学ぶのは，OLS の方法である。

（注意）諸君は，これからこの OLS という方法を使ってさまざまな回帰式を推定していくわけであるが，そのとき推定する式は理論的に意味のある式でなければならない。

たとえば，従属変数 Y に日本の実質 GNP（兆円）を，独立変数 X にイギリスの実質個人消費支出（10 億ポンド）をとって，OLS で推定する（推定期間 1960 年～1991 年）と，

$$Y = -199.16 + 2.2906X$$

という回帰式が推定できてしまう。しかし，この回帰式は日本の GNP を説明するには役にたたないことは明らかであろう。推定する回帰式は理論的に意味のある式でなければならない。

10.2　OLS（最小二乗法）

⑴　原　理

　原理は，なかなか難しい。しかし，大切なことであるから，以下簡単に説明する。理解しにくくても，失望することはない。なぜなら，この部分がわからなくても，次のページの⑵の計算手順を覚えれば OLS は実行できる。

　ここで説明するのは，単純回帰分析の Raw data を使うケースである。

　OLS の原理……［注意！　原理を暗記する必要はない。理解すればよい！］

⑴　残差の二乗和を作る

$$s=\Sigma u_i{}^2=u_1{}^2+u_2{}^2+\cdots\cdots+u_n{}^2$$
$$=\{Y_1-(a+bX_1)\}^2+\{Y_2-(a+bX_2)\}^2+\cdots\cdots\{Y_n-(a+bX_n)\}^2$$
$$=\Sigma\{Y_i-(a+bX_i)\}^2$$
$$=\Sigma(Y_i-a-bX_i)^2$$
$$=\Sigma(Y_i{}^2+a^2+b^2X_i{}^2-2aY_i+2abX_i-2bX_iY_i) \quad\cdots\cdots\cdots\cdots①$$

⑵　上の残差の二乗和 s を最小にする a と b をみつけるために①式を a と b で偏微分してゼロになるような a と b を探す。

　　①式の偏微分は，複雑な形をするが，整理すると最後には次の 2 式になる。

$$\frac{\partial s}{\partial a}=-2\Sigma(Y_i-a-bX_i)=0$$

$$\frac{\partial s}{\partial b}=-2\Sigma X_i(Y_i-a-bX_i)=0 \quad\cdots\cdots\cdots\cdots②$$

⑶　これを書きなおすと，次のような 2 元連立方程式になる。

$$\left.\begin{array}{l}na+\Sigma X_i\cdot b=\Sigma Y_i\\ \Sigma X_i\cdot a+\Sigma X_i{}^2\cdot b=\Sigma X_iY_i\end{array}\right\}\quad\cdots\cdots\cdots\cdots③$$

n，ΣX，ΣY，ΣX_i^2，ΣX_iY_i の数値が観測データからわかれば，未知数 a と b が解ける。

(4)　③式の連立方程式を解いた結果は次のようになる。

$$b = \frac{\Sigma X_i Y_i - (1/n)(\Sigma X_i)(\Sigma Y_i)}{\Sigma X_i^2 - (1/n)(\Sigma X_i)^2}$$

$$= \frac{\Sigma X_i Y_i - n\overline{X}\,\overline{Y}}{\Sigma X_i^2 - n\overline{X}^2} \quad [\overline{X} = \frac{1}{n}\Sigma X_i, \ \overline{Y} = \frac{1}{n}\Sigma Y_i \text{ を使って，書き直した。}]$$

$$= \frac{\Sigma(X_i - \overline{X})(Y_i - \overline{Y})}{\Sigma(X_i - \overline{X})^2} \quad \begin{array}{l}[\Sigma X_i^2 - n\overline{X}^2 = \Sigma(X_i - \overline{X})^2 \\ \Sigma X_i Y_i - n\overline{X}\,\overline{Y} = \Sigma(X_i - \overline{X})(Y_i - \overline{Y})]\end{array}$$

$$a = Y - bX \qquad\qquad \text{上の式で推計した b を使う。}$$

(2)　実際の推計手順〈Raw data のケース〉

実際の推計では，回帰分析と相関分析を同時に行なう。次の計算手順を実行すればよい。

単純回帰・単純相関分析の手順　(Raw data)　(10.1(4)の実例1：重りの重さ X とバネの長さ Y の事例を示す)

Step 0　データ X_i, Y_i をワークシートに記入し，X_i^2, Y_i^2, $X_i Y_i$ を計算する

i	X_i	Y_i	X_i^2	Y_i^2	$X_i Y_i$
1	5	13	25	169	65
2	10	14	100	196	140
3	15	18	225	324	270
4	20	19	400	361	380
5	25	22	625	484	550
6	30	26	900	676	780
Σ	105	112	2275	2210	2185

Step 1　以下の(1)～(5)を一気に計算する

(1)　和　　$\Sigma X =$　　　　　　　　　　　　105

$\Sigma Y =$　　　　　　　　　　　　112

(2)　平均　$\overline{X} = 1/n(\Sigma X) =$　　　　　17.5

$\overline{Y} = 1/n(\Sigma Y) =$　　　　　18.67

(3)　積和　$\Sigma X^2 =$　　　　　　　　　　2275

$\Sigma Y^2 =$　　　　　　　　　　2210

$\Sigma XY =$　　　　　　　　　　2185

(4)　補正項　　$n\overline{X}^2=(1/n)(\Sigma X)^2=$　　　　　　　1837.5

　　　　　　　$n\overline{Y}^2=(1/n)(\Sigma Y)^2=$　　　　　　　2090.67

　　　　　　　$n\overline{XY}=(1/n)(\Sigma X)(\Sigma Y)=$　　　　　1960

(5)　モーメント×n（積和－補正項）

　　$\Sigma(X_i-\overline{X})^2=\Sigma X_i^2-n\overline{X}^2=2275-1837.5=437.5$

　　$\Sigma(Y_i-\overline{Y})^2=\Sigma Y_i^2-n\overline{Y}^2=2210-2090.67=119.33$

　　$\Sigma(X_i-\overline{X})(Y_i-\overline{Y})=\Sigma X_iY_i-n\overline{X}\,\overline{Y}=2185-1960=225$

Step 2　*Step 1* の(5)と(2)を用いて，勾配と定数項を計算する

　　勾配　　　　$b=\dfrac{\Sigma X_iY_i-n\overline{X}\,\overline{Y}}{\Sigma X^2-n\overline{X}^2}=\dfrac{225}{437.5}=0.5143$

　　定数項　　　$a=\overline{Y}-b\overline{X}=18.67-0.5143\times17.5=9.67$

Step 3　*Step 1* の(5)を用いて，決定係数と相関係数を計算する

　　決定係数　$r^2=\dfrac{(\Sigma X_iY_i-n\overline{X}\,\overline{Y})^2}{(\Sigma X_i^2-n\overline{X}^2)(\Sigma Y_i^2-n\overline{Y}^2)}$

　　　　　　　　$=\dfrac{(225)^2}{437.5\times119.33}$

　　　　　　　　$=0.9697$

　　相関係数　$r=\sqrt{r^2}=0.9847$

分析結果の表記方法

$$\hat{Y}=9.67+0.5143X$$

$$r=0.9847$$

（回帰方程式を書いて，その右下に相関係数を書く）

考えてみよう　II

　第 9 章の「考えてみよう　I」で考えた所得と消費の関係について，$Y=a+b\cdot X$ の線型回帰と相関係数を推計した結果，

　　民間最終消費支出$=-2.2+0.74\cdot$国民所得　　$r=0.9986$

　ところが賢明な読者は気づかれたことと思うが，上の回帰式では国民所得が 1 や 2（兆円）であった場合，消費額はマイナスになってしまう。

　とすると，観測したデータが不適節であったのか，または $Y=a+b\cdot X$ という定式化に問題があるのか，どちらであろうか。

(3) 回帰式と相関係数の意味を読み取る

定数項の意味：独立変数 X がゼロの時の従属変数 Y の値。（前述のおもり
とバネの事例において，定数項 9.7 は「おもりの重さがゼロ
の時，バネは 9.7cm である」ということを意味する。）

勾配の意味：独立変数 X が 1 単位だけ増えると，従属変数 Y がどれだけ増
えるかを表わす。
「重りの重さを 1g 増やすとバネの長さは 0.5143cm だけ伸び
る」ということを意味する。

相関係数の有意性の判定：〔表 9.1〕の自由度（この例題では 6−2＝4）の
5%の有意水準（または 1%有意水準）より相
関係数が大きければ，この X と Y の関係は有
意であると判定する。

(4) 予測（内挿と外挿）

計測した回帰式 Y＝a＋bX に，X の値を代入して，Y の理論値を計算する
ことを**予測（prediction）**という。予測には，内挿予測と外挿予測の 2 種類
がある。

(a) 内挿予測（interpolation）

独立変数（X）の観測値の範囲内の X を代入する予測。

(例) 前述の重りとバネの実例では，重りは 5g，10g，15g……という
ように，5g おきにしかない。そこで例えば，12.5g の重りをのせ
たらバネは何 cm になるかを予測する。
$$\hat{Y}=9.67+0.5143\times12.5=16.0988$$
16.10cm になると予測される。

(b) 外挿予測（extrapolation）

観測値の範囲より大きい（または小さい）独立変数 X の値を代入する予測。

(例) 前述の重りとバネの実例では，最大の重りは 30g であった。
もし 40g の重りをのせたら，どうなるかを予測する。
$$\hat{Y}=9.67+0.5143\times40=30.242$$
バネは 30.24cm になると予測される。

確認のためのQ&A・10.1

(*Question*)　世帯主の所得と世帯の消費支出の間の関係を調べるために，
回帰分析と相関分析を行なう。

(1)　右の表のデータを用いて，回帰式と相
関係数を推計してみよ。

(2)　相関係数は5%有意水準で有意といえ
るか。

(3)　世帯主所得が70万円なら消費支出は
いくらになると予測できるか。

(4)　所得が1万円増えると消費支出はいく
ら増えるか。

i	世帯主所得 X_i	消費支出 Y_i
1	10万円	18万円
2	40	36
3	16	19
4	54	48
5	20	22
6	46	41
7	23	26
8	30	30
9	34	31
10	50	42

(*Answer*)

(1)　$Y = 9.3862 + 0.6784X$

$r = 0.9920$

(2)　自由度　$10 - 2 = 8$ の5%有意水準は，0.632 であるから〔表9.1〕
$r = 0.9920$ は有意である。

(3)　$\hat{Y} = 9.3862 + 0.6784 \times 70 = 56.8742$

約 56.87 万円

(4)　0.6784 万円（6784 円）

考えてみよう　Ⅲ

所得と消費の関係を回帰分析した結果，

$C = -2.2 + 0.74 \cdot Y$　$r = 0.9986$

が得られた。これをもとに外挿予測をしてみよう。

もし，来年国民所得が400兆円に増えたとすると民間最終消費支出はいくら
になるか予測せよ。

$C = -2.2 + 0.74 \cdot 400 = 293.8$

民間最終消費支出は，293.8兆円になると予測される。

10.3 Classified data の OLS

単純回帰・単純相関分析の手順（Classified data）

Step 0　データを記入しワークシートを計算する（前述の事例に度数がついているデータを示す）

k	X_k	Y_k	f_k	$X_k f_k$	$Y_k f_k$	$X_k^2 f_k$	$Y_k^2 f_k$	$X_k Y_k f_k$
1	5	13	2	10	26	50	338	130
2	10	14	3	30	42	300	588	420
3	15	18	4	60	72	900	1296	1080
4	20	19	6	120	114	2400	2166	2280
5	25	22	3	75	66	1875	1452	1650
6	30	26	2	60	52	1800	1352	1560
			20	355	372	7325	7192	7120

Step 1　以下の(1)〜(5)を一気に計算する

(1)　和　　$\Sigma X_k f_k =$ 　　　　　　　　　　355

　　　　　　$\Sigma Y_k f_k =$ 　　　　　　　　　　372

(2)　平均　$X = (1/\Sigma f_k)(\Sigma X_k f_k) =$ 　　17.75

　　　　　　$Y = (1/\Sigma f_k)(\Sigma Y_k f_k) =$ 　　18.6

(3)　積和　$\Sigma X_k^2 f_k =$ 　　　　　　　　　7325

　　　　　　$\Sigma Y_k^2 f_k =$ 　　　　　　　　　7192

　　　　　　$\Sigma X_k Y_k f_k =$ 　　　　　　　　7120

(4)　補正項　$(\Sigma f_k)\,\overline{X}^2 =$ 　　　　　6301.25

　　　　　　　$(\Sigma f_k)\,\overline{Y}^2 =$ 　　　　　6919.2

　　　　　　　$(\Sigma f_k)\,\overline{XY} =$ 　　　　　6603.0

(5)　モーメント×n

　　　　$\Sigma X_k^2 f_k - (\Sigma f_k)\,\overline{X}^2 = 7325 - 6301.25 = 1023.75$

　　　　$\Sigma Y_k^2 f_k - (\Sigma f_k)\,\overline{Y}^2 = 7192 - 6919.2 = 272.8$

　　　　$\Sigma X_k Y_k f_k - (\Sigma f_k)\,\overline{XY} = 7120 - 6603.0 = 517$

Step 2　*Step 1* の(5), (1)を用いて回帰係数を計算する

$$勾配\ b=\frac{\Sigma X_k Y_k f_k-(\Sigma f_k)\overline{X}\,\overline{Y}}{\Sigma X_k{}^2 f_k-(\Sigma f_k)\overline{X}^2}=\frac{517}{1023.75}=0.5050$$

$$定数項\quad a=\overline{Y}-b\,\overline{X}=18.6-0.5050\times17.75=9.6363$$

Step 3　*Step 1* の(5)を用いて決定係数・相関係数を計算する

$$決定係数\quad r^2=\frac{[\Sigma X_k Y_k-(\Sigma f_k)\overline{X}\,\overline{Y}]^2}{[\Sigma X_k{}^2-(\Sigma f_k)\overline{X}^2][\Sigma Y_k{}^2-(\Sigma f_k)\overline{Y}^2]}$$

$$=\frac{(517)^2}{1023.75\times272.8}=0.9571$$

$$相関係数\quad r=\sqrt{r^2}=\sqrt{0.9571}=0.9783$$

Step 4　結果表示

$$\hat{Y}=9.6363+0.5050X$$

$$r=0.9783$$

確認のためのQ&A・10.2

（*Question*）　次のそれぞれの場合について，回帰式を推計することに意味があるか否か（X と Y の間に因果関係があるか否か）を検討せよ。また，どちらが独立変数（X）で，どちらが従属変数（Y）であるかも考えよ。

(1)　日本の実質 GNP，日本の家計消費支出

(2)　夫の年齢，妻の年齢

(3)　日本の名目政府支出，中国の名目政府支出

(4)　日本の実質 GDP，日本の実質マネーサプライ

（*Answer*）

(1)　意味がある。日本の実質 GNP が X，日本の実質家計消費支出が Y である。

(2)　意味がない。相関係数を推計することは意味があるが，因果関係はない。

(3)　意味がない。因果関係は極めて小さい。

(4)　意味がある。経済分析の目的によってどちらも X，Y になりうる。

確認のためのQ&A・10.3

(_Question_) 世帯主の所得と世帯の消費支出の間の関係を調べるために，回帰分析と相関分析を行なう。

(1) 下の表のデータを用いて回帰式と相関係数を推計せよ。

(2) 相関係数は5%有意水準で有意といえるか。

(3) 世帯主所得が70万円であれば，消費支出はいくらになると予測できるか。

(4) 所得が1万円増えると消費支出はいくら増えるか。

k	世帯主所得 X_k	世帯の 消費支出 Y_k	度数 f_k
1	10万円	16万円	6
2	20	19	8
3	30	28	4
4	40	36	3
5	50	42	1

(_Answer_)

(1) $Y = 7.4123 + 0.6803X$

$r = 0.9790$

(2) 自由度 $22 - 2 = 20$ の r の5%有意水準は，0.423 であるから，$r = 0.9790$ は有意である。

(3) $\hat{Y} = 7.4123 + 0.6803 \times 70 = 55.0333$　　約 550,333 円

(4) 0.6803万円（6,803円）

10.4　もっと詳しい回帰分析──回帰係数の有意性の検定──

簡単な回帰分析と相関分析をする時は，10.1，10.2，10.3 で学んだ，

> 回帰方程式：$Y = a + bX$
> 相関係数：　　　　$r = \bigcirc\bigcirc\bigcirc\bigcirc$

の推計だけでも十分である。しかし，詳しい回帰分析をしようとすれば，回帰係数が有意であるか否かの検定が必要である。

(1)　回帰係数の有意性の検定の基本的考え方

まず，**回帰係数 a と b は分布をする**ということを理解しよう

OLS によって推計した回帰方程式 $Y = a + bX$ は組になった変数 (X_i, Y_i) の標本データから推計した。この標本データは，組になっている変数 (X_i, Y_i) の母集団から抽出したものである。

母集団から，いくつも標本を抽出して，回帰式を計測すると，回帰係数 a と b は分布をする。

OLS で推計した回帰係数 a と b は，母集団の回帰係数の**不偏推定量**である。

OLS で推計した回帰係数 a と b は，標本の数（サイズではない）を増やすにつれて，その平均 μ_a, μ_b が母集団の回帰係数に近づくという性質を持っている。この性質を持っていることを**不偏推定量（unbiased estimate）である**という。（OLS で測った回帰係数が不偏推定量であることは，数理統計学によって証明できる。統計学入門では，証明は省く。）

OLS で測った回帰係数が不偏推定量であるということは，回帰係数が「安心して使える」ための大切な条件である。

しかし，それは標本の数（サイズではない）を増やしていくことによって保証される性質である。

1 回だけ抽出した標本（1 つの標本）から計測した回帰係数 a と b がどの程度信頼して使えるかは，次に述べる方法で検定しなければならない。

回帰係数は分布をする　したがって，その分布の上で有意な大きさか否かを検定できる。回帰係数 a と b は，前述の通り分布をするから，分布の上で有意水準にあるか否かを検定することができる。

OLS で測った回帰係数の有意性の検定には，t 分布による検定が応用できる。

回帰係数の有意性の考え方

(1)　$t = \dfrac{X - \mu}{\sigma}$ の考え方を応用する

$$t = \frac{（\text{OLSで計測した回帰係数}）-（\text{母集団の回帰係数}）}{（\text{回帰係数の標準偏差}）}$$

(2)　これを回帰係数 a と b の記号で書くと，

$$t_a = \frac{a - a^*}{\sigma_a} \quad \begin{cases} a^* \text{ は母集団の回帰係数 a} \\ \sigma_a \text{ は回帰係数 a の標準偏差} \end{cases}$$

$$t_b = \frac{b - b^*}{\sigma_b} \quad \begin{cases} b^* \text{ は母集団の回帰係数 b} \\ \sigma_b \text{ は回帰係数 b の標準偏差} \end{cases}$$

(3)　検定すべき仮説

$$\begin{cases} H_1 : a^* \text{ の絶対値は有意に 0 より大きい。} \\ H_1 : b^* \text{ の絶対値は有意に 0 より大きい。} \end{cases}$$

(4)　H_1 を検定するために帰無仮説を立てる。

帰無仮説　$\begin{cases} H_0 : a^* \text{ はゼロである。} \\ H_0 : b^* \text{ はゼロである。} \end{cases}$

(5)　帰無仮説を検定するための t の値

$$\begin{cases} t_a = \dfrac{a - 0}{\sigma_a} = \dfrac{a}{\sigma_a} \\ t_b = \dfrac{b - 0}{\sigma_b} = \dfrac{b}{\sigma_b} \end{cases}$$

(6)　推計方法と結論

　もし $|t_a| = a/\sigma_a$ が自由度 $n-2$ の t 分布の 5% 有意水準（または 1% 水準）より大きければ，$H_0 : a^* = 0$ は棄却される。

故に，$H_1 : |a^*| > 0$ は棄却できない。

故に，「OLS で測った回帰係数 a は有意である」という結論になる。b についても上と同様。

(2)　回帰係数の有意性の検定の計算手順

回帰係数の有意性は，上の原理に従って検定するが，その実際の手順は回帰分析の一連の作業の一部分と考える方がよい。

回帰分析の方法を思い出しながら，以下の一連の作業手順を身につけよう。

回帰係数・相関係数の計測と検定（Raw data のケース）

Step 0　データの記入とワークシートの計算

世帯主所得（X_i）と世帯の消費支出（Y_i）の事例

i	X_i	Y_i	X_i^2	Y_i^2	$X_i Y_i$	$\hat{Y_i}$	$u_i = Y_i - \hat{Y_i}$	u_i^2
1	10	16	100	256	160	14.1	1.6	2.56
2	20	19	400	361	380	21.3	−2.3	5.29
3	30	28	900	784	840	28.2	−0.2	0.04
4	40	36	1600	1296	1440	35.1	0.9	0.81
5	50	42	2500	1764	2100	42.0	0.0	0.00
	150	141	5500	4461	4920		0.0	8.7

上の表の太字は，はじめから記入してあるデータ。

細字の数字は下のステップを実行するたびに記入したものである。

Step 1　以下の(1)～(5)を一気に計算する

(1)	和	$\Sigma X =$	150
		$\Sigma Y =$	141
(2)	平均	$\overline{X} =$	30
		$\overline{Y} =$	28.2
(3)	積和	$\Sigma X^2 =$	5500
		$\Sigma Y^2 =$	4461
		$\Sigma XY =$	4920
(4)	補正項	$n\overline{X}^2 =$	4500
		$n\overline{Y}^2 =$	3976.2
		$n\overline{XY} =$	4230

(5)　モーメント×n　　　$\Sigma X^2 - n\overline{X}^2 = 5500 - 4500 = 1000$

$\Sigma Y^2 - n\overline{Y}^2 = 4461 - 3976.2 = 484.8$

$\Sigma XY - n\overline{XY} = 4920 - 4230 = 690$

Step 2　*Step 1* の(5)と(1)を用いて回帰係数を計算する

勾配　　　$b = \dfrac{\Sigma XY - n\overline{X}\overline{Y}}{\Sigma X^2 - n\overline{X}^2} = \quad 0.69$

定数項　　$a = \overline{Y} - b\overline{X} = \qquad 7.5$

Step 3　*Step 1* の(5)を用いて決定係数・相関係数を計算する

決定係数　$r^2 = \dfrac{(\Sigma XY - n\overline{X}\overline{Y})^2}{(\Sigma X^2 - n\overline{X}^2)(\Sigma Y^2 - n\overline{Y}^2)}$

$\qquad\qquad = \dfrac{690^2}{1000 \times 484.8} = 0.9821$

相関係数　$r = \sqrt{r^2} = 0.9910$

Step 4　Y の理論値 $\hat{Y}_i$ を計算する

（一般式）　　　　$\hat{Y}_i = a + bX_i$

（実際の計算）　　$\hat{Y}_1 = 7.5 + 0.69 \times 10 = 14.4$

$\qquad\qquad\qquad \hat{Y}_2 = 7.5 + 0.69 \times 20 = 21.3$

$\qquad\qquad\qquad \hat{Y}_3 = 7.5 + 0.69 \times 30 = 28.2$

$\qquad\qquad\qquad \hat{Y}_4 = 7.5 + 0.69 \times 40 = 35.1$

$\qquad\qquad\qquad \hat{Y}_5 = 7.5 + 0.69 \times 50 = 42.0$

Step 5　残差と残差の二乗を計算する

（一般式）　　　　$u_i = Y_i - \hat{Y}_i$

（実際の計算）　　$u_1 = 16 - 14.4 = 1.6$　　　　$u_1^2 = 2.56$

$\qquad\qquad\qquad u_2 = 19 - 21.3 = -2.3$　　　$u_2^2 = 5.29$

$\qquad\qquad\qquad u_3 = 28 - 28.2 = -0.2$　　　$u_3^2 = 0.04$

$\qquad\qquad\qquad u_4 = 36 - 35.1 = 0.9$　　　　$u_4^2 = 0.81$

$\qquad\qquad\qquad u_5 = 42 - 42.0 = 0.0$　　　　$u_5^2 = 0.00$

$\qquad\qquad\qquad\qquad\qquad\qquad\qquad\qquad \Sigma u_i^2 = 8.7$

Step 6　母集団の残差分散 σ^2 を推定する

$\qquad \sigma^2 = \dfrac{\Sigma u_i^2}{n - 2} = \dfrac{8.7}{5 - 2} = 2.9$

Step 7　回帰係数 a, b の分散と標準偏差を計算する

（分散）　$\sigma_a{}^2 = \left(\dfrac{1}{n} + \dfrac{\overline{X}^2}{\Sigma X_i{}^2 - n\overline{X}^2} \right) \sigma^2 = \left(\dfrac{1}{5} + \dfrac{30^2}{1000} \right) \times 2.9$

$$= 3.19$$

$$\sigma_b{}^2 = \dfrac{1}{\Sigma X^2 - n\overline{X}^2} \sigma^2 = \dfrac{1}{1000} \times 2.9 = 0.0029$$

（標準偏差）　$\sigma_a = \sqrt{3.19} = 1.7861$

$$\sigma_b = \sqrt{0.0029} = 0.0539$$

Step 8　回帰係数の t 値を計算する

$$t_a = \dfrac{a}{\sigma_a} = \dfrac{7.5}{1.7861} = 4.1991$$

$$t_b = \dfrac{b}{\sigma_b} = \dfrac{0.69}{0.0539} = 12.8015$$

Step 9　有意性検定を行なう

　　　$r = 0.9910$ は自由度 $5 - 2 = 3$ の相関係数の分布の上で，5％有意水準
　　　（0.878）より大きいから有意（1％水準（0.959）でも有意）

　　　$t_a = 4.1991$ は自由度 $5 - 2 = 3$ の t 分布の上で，5％有意水準（3.182）
　　　　　より大きいから有意（1％水準（5.841）では有意ではない）

　　　$t_b = 12.8015$ は自由度 $5 - 2 = 3$ の t 分布の上で，5％有意水準（3.182）
　　　　　より大きいから有意（1％水準（5.841）でも有意）

Step 10　分析結果の表示

$$\hat{Y} = a + b X$$
　　　　　(t_a)　　(t_b)

$$r = \bigcirc\bigcirc\bigcirc\bigcirc$$

　　(t_a), (t_b) は a と b の下へ，カッコをつけて小さく書く。

$$\hat{Y} = 7.5 + 0.69\ X$$
　　　　　$(4.20)^*$　　$(12.80)^{**}$

$$r = 0.9910^{**}$$

（＊印は 5％有意水準で有意，＊＊印は 1％有意水準で有意を表わす。）

第 10 章の練習問題

1. 12 人の学生の身長（X）と体重（Y）について次のデータから回帰式および回帰係数を計算せよ。

身長（cm）	165	171	168	171	167	167	173	173	166	176	163	172
体重（kg）	60	63	62	63	61	59	67	65	60	67	58	64

(*Answer*)

$\overline{X} = 169.3333 \qquad \Sigma XY = 126952 \qquad \Sigma X^2 = 344252 \qquad \Sigma Y^2 = 46847$

$\overline{Y} = 62.4167 \qquad n\overline{X}\,\overline{Y} = 126830.6 \qquad n\overline{X}^2 = 344085.3 \qquad n\overline{Y}^2 = 46750.08$

$b = \dfrac{121.3333}{166.6666} = 0.7280$

$a = 62.4167 - 0.7280 \times 169.3333 = -60.8580$

$r^2 = \dfrac{121.3333^2}{166.6666 \times 96.9167} = 0.911408$

$r = \sqrt{0.911408} = 0.9547$

$\hat{Y} = -60.8580 + 0.7280X$

$\qquad\qquad r = 0.9547$

2. ある試験の点数と試験前 1 週間の勉強時間の回帰分析と相関分析を行なう。

勉強時間（時間）	20	18	11	7	12	15
点数（点）	95	88	50	30	62	74

(*Question 1*)

相関係数は 5％有意水準で有意といえるか。

(*Answer 1*)

X を勉強時間, Y を点数とする。

$\overline{X}=13.8333$ 　　$\Sigma XY=6098$ 　　$\Sigma X^2=1263$ 　　$\Sigma Y^2=29489$

$\overline{Y}=66.5$ 　　$n\overline{X}\,\overline{Y}=5519.5$ 　　$n\overline{X}^2=1148.166$ 　　$n\overline{Y}^2=26533.5$

$r^2=\dfrac{578.5^2}{114.8333\times 2955.5}=0.986070$

$r=\sqrt{0.986070}=0.9930$

自由度 4（$=6-2$）の r の 5%有意水準は, 0.811 である。

したがって, $r=0.9930$ は有意である。

(*Question 2*)

回帰式を求めよ。

(*Answer 2*)

$b=\dfrac{578.5}{114.8333}=5.0377$

$a=66.5-5.0377\times 13.8333=-3.1887$

$\hat{Y}=-3.1887+5.0377X$

(*Question 3*)

80 点以上を A と評価するとき, A をとるには最低何時間勉強しなければ
ならないか。

(*Answer 3*)

$80=-3.1887+5.0377\times X$

X について解くと X$=16.51$

16 時間 30 分以上勉強しなくてはならない。

3. 第 9 章練習問題 2 に登場した焼肉屋の店長は, 体重に応じて料金を設定す
ることを決めた。

食べた肉の量 （皿）	4	3	4	2	6	5	6	2	4
体重 　　　　（kg）	60	50	52	47	75	80	100	30	57

(*Question 1*)

　体重と食べた肉の量の回帰式および相関係数を求めよ。

(*Answer 1*)

　体重を X，食べた肉の量を Y とする。

$\overline{X}=61.2222$　　$\Sigma XY=2430$　　　$\Sigma X^2=37187$　　　$\Sigma Y^2=162$

$\overline{Y}=4$　　　　　$n\overline{X}\,\overline{Y}=2204$　　$n\overline{X}^2=33733.44$　　$n\overline{Y}^2=144$

$b=\dfrac{226}{3453.555}=0.06544$

$a=4-0.06544\times61.2222=-0.00637$

$r^2=\dfrac{226^2}{3453.555\times18}=0.821633$

$r=\sqrt{0.821633}=0.9064$

$\hat{Y}=-0.0064+0.0654X$

　　　　　　$r=0.9064$

(*Question 2*)

　6皿以上食べそうな人の料金を少し高めに設定しようとするとき，何 kg 以上の人に適用すればよいか。

(*Answer 2*)

$6=-0.0064+0.0654X$

　X について解くと，X＝91.785

　92kg 以上の人に適用すればよい。

4. ある夜に，問題3の焼肉屋で5人のお客の支払額と店内滞留時間を調べたところ，次のようであった。

店内滞留時間（分）	60	70	55	80	73
支払額　　　（円）	2000	2200	1900	3000	2300

(*Question 1*)

　店内滞留時間と支払額の回帰式を求めよ。

(*Answer 1*)

店内滞留時間を X，支払額を Y とする。

$\overline{X}=67.6$　$\Sigma XY=786400$　$\Sigma X^2=23254$　$\Sigma Y^2=26740000$

$\overline{Y}=2280$　$n\overline{X}\,\overline{Y}=770640$　$n\overline{X}^2=22848.8$　$n\overline{Y}^2=25992000$

$b=\dfrac{15760}{405.2}=38.8944$

$a=2280-38.8944\times67.6=-349.259$

$\hat{Y}=-349.2596+38.8944X$

(*Question 2*)

相関係数は 5%有意水準で有意といえるか。

(*Answer 2*)

$r^2=\dfrac{15760^2}{405.2\times748000}=0.819485$

$r=\sqrt{0.819485}=0.9053$

$r=0.9053$

自由度 3（=5−2）の 5%の有意水準は 0.878 なので，店内滞留時間と支払額には相関関係がある。

5.　1986 年から 1990 年までの日本の GNP（国民総生産）と輸入の推移は次のとおりである。

年度	1986	1987	1988	1989	1990
GNP（兆円）	340	356	379	406	437
輸入（兆円）	28	32	39	52	58

(*Question 1*)

輸入は GNP に左右されることから，GNP と輸入の回帰式を求めよ。

(*Answer 1*)

GNP を X，輸入を Y とする。

$\overline{X}=383.6 \qquad \Sigma XY=82151 \qquad \Sigma X^2=741782 \qquad \Sigma Y^2=9397$

$\overline{Y}=41.8 \qquad n\overline{X}\,\overline{Y}=80172.4 \qquad n\overline{X}^2=735744.8 \qquad n\overline{Y}^2=8736.2$

$b=\dfrac{1978.6}{6037.2}=0.3277$

$a=41.8-0.3277\times383.6=-83.9190$

$\hat{Y}=-83.919+0.3277X$

(*Question 2*)

1991 年の GNP が 459 兆円の時，輸入はいくらになると考えられるか。

(*Answer 2*)

$\hat{Y}=-83.919+0.3277\times459=66.50$（兆円）

(*Question 3*)

5%有意水準で相関係数および回帰係数の有意性検定を行なえ。

(*Answer 3*)

$r^2=\dfrac{1978.6^2}{6037.2\times660.8}=0.981319$

$r=\sqrt{0.981319}=0.9906$

$r=0.9906$ は自由度 $5-2=3$ の相関係数の分布の上で，5%有意水準
（0.878）より大きいから有意。

母集団の残差分散 σ^2 の推定

$\sigma^2=\dfrac{\Sigma u_i^2}{n-2}=\dfrac{12.345}{5-2}=4.115$

$\overline{X}=383.6$

$\Sigma X^2=741782$

$\sigma_a^2=\left(\dfrac{1}{n}+\dfrac{\overline{X}^2}{\Sigma X_i^2-n\overline{X}^2}\right)\times\sigma^2$

$=\left(\dfrac{1}{5}+\dfrac{383.6^2}{741782-735744.8}\right)\times4.115$

$=101.12$

$$\sigma_b{}^2 = \frac{1}{\sum X_i{}^2 - n\overline{X}^2}\sigma^2 = 0.0006816$$

$$\sigma_a = 10.0559 \qquad \sigma_b = 0.02611$$

$$t_a = \frac{-83.9190}{10.0559} = -8.3453$$

$$t_b = \frac{0.3277}{0.02611} = 12.5507$$

$|t_a|$，$|t_b|$ も自由度 5−2＝3 の分布の上で，5%有意水準（3.182）より大きいから有意である。

〈参照文献〉

　この『はじめての統計学』で学んだ水準以上の統計分析の方法や統計学の理論は，下記のテキストを参照して学ぶことをおすすめする。

(1)　統計学入門書
・鈴木義一郎著『現代人の統計1.　統計解析法の原理』朝倉書店（3296円）
・バタチャリヤ，ジョンソン著，蓑谷千凰彦訳『初等統計学』1巻，2巻　東京図書（各2060円）
・蓑谷千凰彦著『統計学入門1，2』東京図書（各2200円）
(2)　わかりやすい練習問題が豊富についているテキスト
・スティール，R.G.D.著，氏家勝巳・小野秀夫・土井誠訳『例題／応用統計学』マグロウヒル社（3296円）
(3)　統計学の発達の歴史も含めて，興味深い話がいろいろと書いてあるテキスト
・蓑谷千凰彦著『統計学のはなし』東京図書（1860円）
・蓑谷千凰彦著『推定と検定のはなし』東京図書（1860円）
(4)　中級程度のテキスト
・溝口敏行・刈谷武昭他著『統計学』青林書院新社（2781円）
・山根太郎著『統計学』東洋経済新報社（3100円）
(5)　パソコンを用いた統計分析のテキスト
・杉山高一・牛沢賢二著『パソコンによる統計解析』朝倉書店（3605円）
・廣松毅・田中明彦・常磐洋一・木暮睦著『ロータス1−2−3による統計学入門』朝倉書店（2987円）
・村上柾勝・田村義保著『パソコンによるデータ解析』朝倉書店（3090円）
(6)　中級・上級の総合テキスト
・岩田暁一著『経済分析のための統計的方法』東洋経済新報社（3710円）

(7) 回帰分析のテキスト
- ・早川毅著『統計ライブラリー，回帰分析の基礎』朝倉書店（3399 円）
- ・蓑谷千凰彦著『回帰分析のはなし』東京図書（1860 円）
- ・佐和隆光著『統計ライブラリー，回帰分析』朝倉書店（2987 円）
- ・新村秀一著『SAS による回帰分析の実践』朝倉書店（3090 円）

(8) 計量経済学への応用
- ・蓑谷千凰彦著『計量経済学』（第 2 版），東洋経済新報社（2900 円）
- ・蓑谷千凰彦著『計量経済学の新しい展開』多賀出版（2678 円）
- ・刈屋武昭監修『計量経済分析の基礎と応用』東洋経済新報社（5000 円）

鳥居泰彦（とりい・やすひこ）
1936 年生まれ。東京都出身。慶應義塾塾長。

略歴：
1963 年慶應義塾大学経済学部助手。66―67 年米国スタンフォード大学訪問研究員。67―69 年米国カリフォルニア大学バークレー校，国際研究所研究員。69 年慶應義塾大学経済学部助教授。76 年慶應義塾大学経済学部教授。89 年慶應義塾大学経済学部学部長。93 年慶應義塾塾長（慶應義塾理事長兼慶應義塾大学長）。

著書・訳書・論文：
『経済発展論』東洋経済新報社，1979 年
『経済発展理論・実証研究』ヨトポロス・ヌジェント著，鳥居訳，慶応通信，1984 年
  "Financing Growth and Development in Asia： The Japan Factor", Asia Society, New York, 1988 年 4 月
  "Japan's Industrial Adjustment： Impact and independencies to developing countries", Korea Development Institute and Asia & Pacific Development Center, United Nations, 1988 年 5 月
  "Effect on the Tariff Reduction on Trade in the Asian-Pacific Region", Frontiers of Input-Output Analysis： Commemorative Papers, Oxford University Press, 1989 年
「経済発展理論の系譜と新潮流」，『フィナンシャル・レビュー』（27 号）（鳥居泰彦責任編集，大蔵省財政金融研究所，1993 年 3 月）

はじめての統計学

1994 年 11 月 24 日　　1 版 1 刷
1996 年 3 月 29 日　　　6 刷

著　者　　鳥　居　泰　彦
© Yasuhiko Torii 1994

発行者　　小　沢　治　文

発行所　　日本経済新聞社

東京都千代田区大手町 1-9-5　〒 100-66
電話 (03) 3270-0251　振替 00130-7-555

印刷・奥村印刷　製本・大口製本
ISBN4-532-13074-3

Printed in Japan

●40クラスターに見る素顔の社会

アメリカ ライフスタイル全書

M・J・ワイス 著
岡田芳郎 監訳

同じアメリカといっても地域、階層ごとで生活様式は千差万別である。本書はアメリカ人のライフスタイルを四〇のクラスターに大分類。職業、恋愛、政治信条、好きなテレビ番組、雑誌、食べ物など、多彩なトピックスやエピソードを通じて、各クラスターのライフスタイルを徹底的に分析する。知られざる現代アメリカの素顔を浮き彫りにする好著。 **定価五、六〇〇円(本体五、四三七円)**